कंजूस रिसीवर

अध्याय 1।

"अगर मैं पचास साल का था," युवा डॉक्टर ने काफी स्पष्ट रूप से कहा, "और पाया कि अचानक मेरी पॉकेटबुक और हास्य की भावना को छोड़कर मेरी सभी मोटर शक्तियों को अचानक छीन लिया गया; और कहा गया कि मैं एक इच्छा कर सकता हूं-

"लेकिन मैं पचास साल की हूँ," बीमार महिला को भर्ती कराया। "और मैं अपने आप को व्यावहारिक रूप से मेरी सभी मोटर शक्तियों से छीन लेता हूं, मेरी पॉकेटबुक और हास्य की भावना को छोड़कर!"

"फिर स्वर्ग की खातिर-काश!" युवा डॉक्टर को फँसाया।

"हे भगवान!" बीमार महिला का मजाक उड़ाया। "आप किसी भी तरह से नहीं हैं - एक परी भगवान-डॉक्टर, क्या आप हैं?"

"परी भगवान-डॉक्टर?" युवक को लहूलुहान कर दिया। "वाक्यांश मेरे लिए एक अपरिचित है," उन्होंने कुछ हूटूर के साथ स्वीकार किया।

उसके होटल के तकिए के बीच में एक पल के लिए महिला ने खुली खिड़की से अंदर-बाहर और बाहर-और आगे-आगे अनिश्चित स्लेट-छत वाले विस्टा में घूरना शुरू कर दिया। फिर इतनी फुर्ती से कि उसकी आँखों के गोरेपन को अचानक एक झपकी लेने वाले कुत्ते की तरह दिखाया गया, जिसने युवा डॉक्टर के गंभीर अपमानजनक चेहरे पर वापस नज़र डाली।

"आपको पूरा यकीन है कि क्या यह मेरी इच्छा नहीं है? उसने पूछा।

"काफी यकीन है," युवा डॉक्टर ने कहा, बिना भावना के।

दो विरोधी के रूप में एक दूसरे के मानसिक कवच में कुछ कमजोर स्थान के लिए सख्त खोज करते हुए, रोगी की आँखें डॉक्टर को, डॉक्टर को रोगी को संकुचित कर देती हैं।

यह मरीज था जो जांच से पहले भाग गया था।

"आप मुझे कितने साल दे सकते हैं?" उसने सुस्त रूप से आत्मसमर्पण कर दिया।

"मैं तुम्हें कोई नहीं दे सकता! मैं इसे बर्दाश्त नहीं कर सकता!" युवा डॉक्टर की तेज आवाज, शांत आवाज।

"आप मुझे कितने साल बाद बेच सकते हैं?" महिला को उसके गाल की हड्डियों के चारों ओर पहले बेहोश लाल रंग की चमक दिखाई दी।

"ओह, मुझे नहीं पता," युवा डॉक्टर ने स्वीकार किया। ब्यूरो के किनारे के खिलाफ थोड़ा थका हुआ पीछे हटना, अपने लंबे हथियारों के साथ अपने स्तन के पार मुड़ा हुआ वह वास्तविक मामले में ही महिला के सवाल के माध्यम से दसियों नीचे खड़ा था। "ओह, मुझे नहीं पता," उन्होंने स्वीकार किया। "ओह, निश्चित रूप से, अगर आपको पुनर्जीवित करने के लिए कुछ एक ब्रांड-नई रुचि थी? अगर जन्मजात जलवायु के मामले को आपके सभी प्रचुर वित्तीय संसाधनों के साथ ठीक से समायोजित किया जा सकता है? और सभी अतिरिक्त सुविधाएं और सुरक्षा उपाय जो वित्तीय संसाधन लपेट सकते हैं? बीमार व्यक्ति में? ओह, मुझे लगता है कि कोई आपको लगभग सकारात्मक गारंटी दे सकता है - आपको गारंटी देता है, -ओह, साल और साल, "उसने एक त्रिशूल समाप्त कर दिया।

"केवल वह?" महिला को जीत लिया। "सालों साल?" उसने मजाक में कहा। "यह पर्याप्त नहीं है! लगभग पर्याप्त नहीं है!" वह अचानक जोश से भर गई।

"तो भी," युवा डॉक्टर मुस्कुराया। "यह एक अधिक निश्चित अनुमान है जितना कि मैं कर सकता हूँ, उतना ही ईमानदारी से, सबसे कम उम्र के

बच्चे के लिए बनाओ, जो हमारे शहर की सड़कों पर यातनापूर्ण यातायात के माध्यम से हर दिन काम करने या खेलने के लिए तैयार है।"

"ओह," महिला ने अपने आंसुओं में हास्य की एक झिलमिलाहट के साथ कहा।

"ओह," मुस्कान में हास्य के एक परमाणु के बिना डॉक्टर को मुस्कुराया।

उसके सुंदर ग्रे सिर को एक तरफ से थोड़ा सा कभी भी हिलाया गया, महिला की आँखों में एक पल के लिए युवा डॉक्टर पर अजीब से इरादे थे।

"आप कैसे-कैसे पतले हैं और कैसे भूखे दिख रहे हैं," उसने अचानक बहुत अप्रासंगिक टिप्पणी की।

"धन्यवाद," युवा डॉक्टर को झुकाया।

"हा!" महिला को चकमा दिया। "और मैं? 'वह कैसे दिखती है!' क्या आप ऐसा कहना चाहते हैं? "

"आप किसी भी तरह से अपनी इच्छा को देखने के लिए पूरी तरह से स्वागत करते हैं," युवा डॉक्टर ने अलग ठंड के साथ कहा।

उदासीनता से तो एक पल के लिए डॉक्टर और रोगी दोनों ही बीमार-कमरे के केंद्रित व्यक्तिगत आलिंगन में आराम करते दिखे, जिसमें दूर-दूर तक थरथराते पैरों की बड़बड़ाहट, अपने सामयिक तेज, स्व-सचेत क्लिक के साथ रिमोट एलेवेटर की मशीनरी थी।

तब डॉक्टर ने उसकी घड़ी छीन ली।

"अच्छा, यह क्या है जो तुम मुझे पहले करना चाहते हो?" बीमार महिला को तुरंत भगाया।

"अपनी इच्छा करो!" डॉक्टर ने कहा।

"हाँ, मुझे पता है," महिला ने कहा। "लेकिन आप मुझे क्या चाहते हैं? मेरी इच्छा किस तरह की है, मेरा मतलब है कि क्या आप मुझे बनाना चाहते हैं?"

हालांकि व्यक्तिगत रूप से सवाल का सामना करते हुए, युवा डॉक्टर ने अचानक कदम आगे बढ़ाया।

"आप किस प्रकार की इच्छा करना चाहते हैं?" उसने मांग की। "क्यों, मैं आपको एक ईमानदार इच्छा के अलावा किस तरह की इच्छा करना चाहता हूं? दूसरी-हाथ की नहीं, पवित्र, इच्छा की पुनर्विचार की गई इच्छा जिसे आप सोचते हैं कि आपको बनाना चाहिए। लेकिन पहला खुशी, आत्म-चिंतित, आत्म- जब आपके मन में कोई भी 'इच्छा' शब्द उछलता है, तो आपके मन में उत्साह पैदा होता है!

"ओह!" महिला को रोशन किया। "यह काफी आसान होना चाहिए।" बहुत ही बेहूदा विकृत चेहरे की मांसपेशियों में अचानक आई बाढ़ ने एक निश्चित छटपटाहट पैदा कर दी, जो कि हास्य की जोरदार आवाज थी। "क्यूँ नहीं?" वह सट्टा लगाती रही। "लंबे जीवन और खुशी को मेरे आवेगों से तार्किक रूप से समाप्त कर दिया गया है, और विश्वास और तथ्य दोनों ने मुझे यकीन दिलाया है कि मेरे सभी प्रियजन इस दुनिया में या अगले के लिए पूरी तरह से अच्छी तरह से प्रदान किए गए हैं, मुझे एक चीज की इच्छा क्यों नहीं करनी चाहिए वह मेरे अपने व्यक्तिगत मोड़ में सबसे अधिक जोड़ देगा? ओह, बहुत अच्छी तरह से, "वह विचार करने लगी। पूरी तरह से उसकी पलकें उसकी फटी आँखों से नीचे उतरीं। "अब आप दस की गिनती करते हैं, डॉक्टर," वह बहुत लापरवाही से बड़बड़ाया। "और जब आप दस कहते हैं तो मैं आपको इच्छा बताऊंगा।"

"यह एक खेल नहीं है, श्रीमती गैलन!" युवा चिकित्सक को उकसाया।

बहुत ही शांति से महिला ने अपनी आँखें खोलीं।

"ओह, है ना?" उसने पूछा। "तो मैं नहीं चाहता, धन्यवाद।"

"तुम किस बारे में बात कर रहे हो?" युवा डॉक्टर को डांटा।

"अच्छी तरह से होने के बारे में," महिला ने स्वीकार किया। धीरे-धीरे सफेद पलकें फिर से बंद हो गईं। "और अगर अच्छी तरह से खेल एक खेल नहीं है - मैं अच्छी तरह से नहीं मिलेगा, या तो," महिला की पुष्टि की।

जलन की एक गैस के साथ युवा डॉक्टर ने अपनी टोपी छीन ली और कमरे से बाहर चला गया।

लेकिन दरवाजे के बाहर, न तो हॉल के नीचे और न ही हॉल के नीचे, और न ही हॉल के बाहर, नर्स इंतजार कर रही थी जहां उसने उसे इंतजार करने के लिए कहा था।

ओह, आप महिलाओं को पीते हैं
"ओह, तुम औरतों को पिलाओ!" उसने भेड़-बकरियों को मार डाला। "ठीक है, आगे बढ़ो! एक - दो - तीन - चार - पाँच - छह - सात - आठ - नौ - दस!"

एक श्रव्य आवेग के साथ वह बीमार कमरे में वापस आ गया और खुद को पहली कुर्सी पर फेंक दिया जो वह पहुंच सकता था।

"ओह, तुम औरतों को पिलाओ!" उसने भेड़-बकरियों को मार डाला। "ठीक है, आगे बढ़ो! एक - दो - तीन - चार - पाँच - छह - सात - आठ - नौ - दस!"

स्वचालित रूप से लगभग एक यांत्रिक गुड़िया के रूप में बीमार महिला ने अपनी आँखें खोलीं।

"अरे ठीक है!" वह हंसी। "अब मैं आपको इच्छा बताऊंगा। लेकिन पहले मैं आपको बता दूं कि दुनिया में मुझे जिस चीज से सबसे ज्यादा नफरत है, वह है एक खाली गोधूलि। और जो चीज मुझे सबसे अच्छी लगती है वह है भीड़-भाड़ वाली दुकान। ओह, खरीदारी की खुशी!" उसने जल्दी

की। "मज़ा, इसका रोष! खरीद, खरीद, खरीद, जबकि प्रकाश रहता है और पैसा चमकता है? लेकिन खाली गोधूलि के रूप में?" वह फिर से उठी। "काश-" उसकी आवाज़ अचानक पकड़ी जाती, "काश कि दिन का आखिरी मेल मुझे कभी भी पत्रहीन नहीं छोड़ता। और मैं हमेशा एक्सप्रेस द्वारा पैकेज की उम्मीद कर सकता हूँ!"

"क्या आपका वास्तव में यही मतलब है?" युवा चिकित्सक से बिना किसी गड़बड़ी के मामूली निशान के बारे में पूछा।

"क्यों, ज़ाहिर है मेरा मतलब है!" औरत मुस्कुराई। "लेकिन क्या आप एक पल के लिए सपने देखते हैं कि आप इसकी गारंटी दे सकते हैं?"

"मैं कम से कम इसे लिख सकता हूं," युवा डॉक्टर ने कहा।

"तुम मेरे विचार से अधिक सूक्ष्म हैं," महिला ने कहा।

युवा चिकित्सक को झुकाते हुए, "मेरे पास उम्मीद से अधिक सादगी है।"

फिर से, आधे-अधूरे मजाक में, दोनों ने एक-दूसरे को नापा।

फिर एक महान, व्यस्त फ्रोजन के साथ युवा डॉक्टर ने अपनी नोटबुक की ओर रुख किया।

"मुझे देखने दो," उन्होंने अनुमान लगाया। "यह चार हफ्ते पहले कल था - कि आप सड़क पर गिर गए।"

"यह था?" महिला ने उदासीनता से कहा।

"श्रीमती गैलियन," युवा डॉक्टर ने कुछ अज्ञानता के साथ पूछा, "ठीक है, तुम्हारा घर कहाँ है?"

"मेरे पास कोई घर नहीं है," महिला ने कहा।

"हाँ, लेकिन आपको कहीं रहना चाहिए," युवा चिकित्सक को रोक दिया।

"केवल मेरी पॉकेटबुक और मेरी समझदारी में," महिला ने फ्रैंक मजाक के साथ उद्धृत किया।

"लेकिन अपने अधिवास के बारे में ऐसा रहस्य क्यों बनाएं?" युवा चिकित्सक को बनाए रखा।

"बस यही है," महिला ने कहा। "मैं किसी रहस्य को बनाने के लिए कोई अधिवास नहीं किया है! यह सत्रह साल है जब से मैं एक अधिवास को कॉल करता हूं।

"आप कहाँ रहते हैं?" युवा डॉक्टर की मांग की।

"ओह, स्टीमर पर ज्यादातर," महिला ने स्वीकार किया। बहुत बेहूदा पल्लीड नासिका को पतला कर देता है। "मैं पाँच बार ऑस्ट्रेलिया जा चुकी हूँ," उसने स्वीकार किया। "और चीन दो बार। और जापान, -" उसने जल्दी की। "सभी छोटे अस्पष्ट द्वीप, सभी महान जोस्टिंग उत्सुक बंदरगाह! भाप द्वारा, चप्पू पहियों द्वारा, लक्स द्वारा, ढीले-ढाले इंद्रधनुषी रंग के पाल!" अचानक अस्वस्थता में उसने अपने गाल को फिर से तकिए में बदल दिया। "जहां भी समुद्र नमक है," वह बड़बड़ाया। "जहाँ भी समुद्र नमक है! शिकार, हमेशा और हमेशा के लिए शिकार, -हाँ, यह है, - और हमेशा के लिए रोशनी और हँसी के शिकार और -"

"मुझे क्षमा करें," युवा चिकित्सक ने कहा, काफी अचानक। "लेकिन क्या तुम्हारा पति जीवित है?"

"नहीं," महिला ने कहा। "वह दो साल पहले मर गया।"

जिज्ञासावश एक पल के लिए युवा चिकित्सक ने उसके सामने तंत्रिका-उखड़े हुए चेहरे का अध्ययन किया।

"क्षमा करें," वह हकलाया। "लेकिन - लेकिन क्या यह आपके लिए बहुत बड़ा झटका था?"

"यह एक बड़ी राहत थी," महिला ने कहा, भावना के बिना। "वह सत्रह वर्षों से निराशाजनक रूप से पागल था।"

"ओह!" युवा चिकित्सक कूद गया, जैसे कि विचार ने उसकी इंद्रियों को काफी प्रताड़ित किया।

"ओह!" अनुमान लगाया गया है कि महिला ने चतुराई से, दयालु बाहरी कॉलस के साथ, जो मस्तिष्क उन लोगों के लिए प्रदान करता है, जो वर्षों की अनिश्चित अवधि के लिए कुछ एक झुलसाने के लिए बाध्य हैं।

के रूप में यद्यपि सरासर घबराहट आउटलेट में युवा चिकित्सक कमरे को गति देने के लिए लगभग एक बार शुरू हुआ।

"यह देखते हुए कि कोई व्यक्तिगत संबंध नहीं हैं, जाहिरा तौर पर, आपको यहां रखने के लिए - या वहां आपको ड्राइव करने के लिए," उन्होंने कहा, "जन्मजात जलवायु का मामला एक होना चाहिए जिसे हम आसानी से व्यवस्थित कर सकते हैं।"

आधी विडंबना के साथ बीमार महिला लेट गई और उसके चिंतित, उतार-चढ़ाव भरे चेहरे को देखा।

"जलवायु का प्रश्न सभी व्यवस्थित है!" उसने कहा। "पिछले हफ्ते मेरे शरीर से जो गति छीनी गई थी, उसे कम से कम मेरे मस्तिष्क में वापस डाल दिया गया है। बस मैं कहाँ जा रहा हूँ, बस मैं किसके साथ जा रहा हूँ, बस मैं क्या करने जा रहा हूँ मेरे शेष जीवन का अंतिम अनंत विवरण, "उसने मुस्कुराते हुए कहा," मैंने इसे पूरी तरह से योजनाबद्ध किया है जब आप अलमारी और ब्यूरो के बीच में डावलिंग कर रहे हैं। "

"बौना?" युवा डॉक्टर को फँसाया। काफी अचानक उसने अपने नर्वस पेसिंग को रोक दिया। "अच्छा, यह आप कहाँ जाना चाहते हैं?" उसने पूछा।

मुसकराती हुई महिला की आँखें फिर से खिड़की की ओर टिकी हुई थीं - शहर की छतों पर विस्टा का फ्रेम।

"एक द्वीप पर," उसने कहा। "दक्षिण कैरोलिना के तट पर एक घर है। यह वास्तव में एक भयानक पुरानी जगह है। मैंने इसे तब से नहीं देखा है जब मैं एक लड़की थी। यह तब पुरानी थी। यह अब लगभग एक मलबे होना चाहिए और द्वीप नहीं है।" बहुत बड़ा है। और द्वीप पर कोई दूसरा घर नहीं है। बस यह शानदार जुआ सुनसान झोंपड़ी है। छः घिसे-पिटे पुराने जिंदा-ओक के पेड़ आधे खतरे में पड़ गए हैं, और ग्रे ग्रे, और कार्डिनल पक्षियों में हमेशा नीली किरणें होती हैं। और अस्थिर गिलहरी। और घर में चालीस फीट लंबा एक बेडरूम है। उस बेडरूम में एक चार-पोस्टर सात फीट चौड़ा है, और सबसे अजीब तरह से पुराने जहाजों के फिगरहेड, एक मुंहतोड़, फीका सायरन एक कोने में, एक दूसरे पर टूटे हुए नाक वाले नाविक, मैं दूसरों को भूल जाता हूं - लेकिन पूरी तरह से स्मृति में मैं इसे एक असामान्य रूप से व्यापक और मनोरंजक शेल्फ के रूप में एक तरफ रख सकता हूं। और उस महान जहाज-लगा बिस्तर के बीच में। उस महान डिंगी धँसा-केबिन के बीच में हर प्राचीन खिड़की के साथ कमरे की तरह धूसर रंग का टी वह समुद्र की तरह, डेक की तरह पोर्च के माध्यम से इतना व्यापक, इतना अंधेरा, इतना चमकता है कि बादल या आकाश की कोई लकीर कभी भी मेरी आंखों तक नहीं पहुंचती है, और न ही भूरी-भूरी धरती की कोई भी पट्टी - मैं झूठ बोलूंगा, मैं कहता हूं, अव्यवस्थित शांति में और अन्य भूतों के रूप में शांति मेरे सामने लीन है, उनकी सभी परेशानियों के नीचे 'चालीस पिता गहरे'। और हमेशा की तरह मैं झूठ बोलता हूं, मेरे कानों में सर्फ की आह होगी। और मेरी आंखों में ज्वार का झोंका। मेरी खिड़कियों के चारों ओर अनंत काल तक पंख लगे रहेंगे और पास और भूरे रंग के काँटे तैरते और उड़ते रहेंगे। "

"हँसमुख!" युवा डॉक्टर को फँसाया।

"हाँ। यह नहीं है?" महिला को मार डाला।

आश्चर्य की एक गैस के साथ युवा चिकित्सक ने मुड़कर उसे देखा।

"क्यों, मैं वास्तव में विश्वास करता हूं कि आप ऐसा सोचते हैं!" वह हकला गया।

"क्यों, निश्चित रूप से मुझे ऐसा लगता है!" महिला ने कहा। "क्यूँ नहीँ?" वह बोली। "अंधेरे कमरे में एक चमकदार मोमबत्ती चमकती है!" रुग्णता का एक निशान उसकी आवाज़ में नहीं था, भावुकता की एक झिलमिलाहट नहीं थी। "और इसके अलावा," वह मुस्कुराया। "यह मेरी इच्छा भी है कि मैं अपने आप को जीवन के मुख्य क्षेत्रों से दूर कर सकूं।"

"मैं क्यों नहीं देख रहा हूँ!" युवा डॉक्टर का विरोध किया।

"यह 'क्यों है," महिला ने कहा। "जैसे ही मैं उस दिन गिर गया," वह मुस्कुराई। "मेरे अंतिम सचेत क्षण में, मेरा मतलब है, - जल्दबाजी में बच्चा ठोकर खाया और मुझ पर कदम रखा।" एक बार फिर से मुस्कान एक तरफ इतनी थोड़ी मुड़ गई। "मैं कभी भी जीवित नहीं रहूंगा," महिला ने कहा, "मुझे यातायात में बाधा बनने की अनुभूति को दोहराने की परवाह है।" एक पल के लिए बहुत ही मूर्खतापूर्ण वह फड़फड़ाने वाली खिड़की के पर्दे पर अपना पूरा ध्यान लगाती थी। "और मैं अपने घर का नाम बताऊंगी- मेरे घर का नाम-" उसने पेश किया। अचानक आवेशपूर्ण विश्वास के साथ उसके चेहरे की हर शिथिल मांसपेशी कार्रवाई में कस गई। "एक बार - एक बार नई एंगललैंड में," उसने जल्दबाजी की, "मैंने 'बगीचे की चकाचौंध' नाम की एक स्कार्लेट-सोने की ट्यूलिप देखी! पूर्णविरोध के लिए मैं अपने घर को 'समुद्र की उदासी' कहूंगी!"

"क्या आप अपने वर्तमान युवा नर्स को अपने साथ ले जाना चाहते हैं?" डॉक्टर से अचानक पूछा।

महिला के चेहरे पर कुटिल मुस्कान सीधे पतले-पतले सकारात्मकता में बदल गई।

"मैं नहीं!" महिला ने कहा। "मैं नौसिखियों का पता लगाता हूं! उनके पेशेवर प्रभाव मुझे पागल कर देते हैं! मैं पैदा हुआ हूं, वंचित, पढ़ा-लिखा, विनम्र, विवाहित, विधवा हूं, -दोस्तों में, यह मुझे अपने चेहरे को धोने के लिए ले जाता है, अपने नाश्ते की ट्रे पर सबसे सरल कांटा सीधा करने के लिए उनके शरीर का हर इशारा, उनके दिमाग का हर आवेग, श्रमसाध्य के साथ काफी सनकी, एक अपरिपक्व प्रकृति के घमंड का अध्ययन अचानक अधिकार में! मुझे एक बड़ा, अनुभवी स्वभाव सादगी की अत्यंत

शर्तों के कारण कुछ अप्रिय कारण से कम हो गया! " जैसे ही यह आया था, उसके चेहरे से जलन गायब हो गई। "इस होटल में यहाँ एक चैंबर है - मैं उससे प्यार करता हूँ!" महिला ने कहा। "वह एक अस्पताल अधीक्षक थी, एक बार, जब तक कि उसके बहरेपन ने इसे तोड़ नहीं दिया।" एक बच्चे के रूप में सरलता से, थका हुआ, सांसारिक बुद्धिमान आँखें युवा चिकित्सक के चेहरे पर उठीं। "मुझे बहरे लोग पसंद हैं," महिला ने कहा। "वे कभी भी बकवास नहीं करते हैं, मैंने देखा है। न ही अखबारों को पढ़ने पर जोर दिया है। खुद को हर उस मुखर आवाज से संरक्षित किया जाता है जो उन्हें सीधे तौर पर चिंतित नहीं करता है, वे सहज रूप से आपको उसी पवित्रता को प्राप्त करने के लिए सहज लगते हैं और इसके अलावा," महिला मुस्कुराई। "यह भूतपूर्व अधीक्षक के बाल मेरी तरह ही भूरे रंग के हैं। और मैं उन महिलाओं को पसंद करता हूँ जिनके बाल बिल्कुल मेरे जैसे ही भूरे रंग के हैं। और साथ ही," महिला को मुस्कुराते हुए कहा, "उसका नाम 'मार्था' हो गया है और मैं हमेशा उसकी दीवानी हूँ। "मार्था 'नामक किसी की व्यक्तिगत भक्ति। और मैं उसे एक महीने में एक अतिरिक्त सौ डॉलर का भुगतान करूँगा," महिला को मुस्कुराया, "मुझे' एलिजाबेथ 'कहने के लिए। मेरे जीवन में कभी नहीं," महिला ने कहा, "क्या मेरे पास कभी भी था खाना मेरे पहले नाम के लिए पकाया जाता है। मार्था मेरे लिए सब कुछ करेगी, आप समझे? " उसने जल्दी से जोड़ा।

"हाँ, लेकिन तुम कैसे जानती हो कि वह तुम्हारे साथ जाएगी?" युवा डॉक्टर से पूछा।

"मुझे कैसे पता चलेगा कि वह मेरे साथ जाएगी?" महिला भड़क गई। पैसे की अत्यावश्यक चेतना भड़क रही थी, लेकिन एक स्वभावगत दृढ़ विश्वास की सूक्ष्मता भी। "क्यों, बेशक वह जाऊँगी!" महिला ने कहा। निश्चित रूप से जैसे कि उसने मान लिया था कि धूप धूप होगी, उसने अपनी बातचीत से पूरे विषय को खारिज कर दिया।

"ओह, सब ठीक है," युवा डॉक्टर ने विडंबना से थोड़ा मुस्कुराया। "मुझे पता है कि तब जलवायु, इलाके, देखभाल, साहचर्य, एक्सप्रेस के लिए एक पुराने पैकेज के लिए आपकी इच्छा के अलावा सब कुछ व्यवस्थित किया गया है?"

"ओह, यह सब भी व्यवस्थित है!" स्त्री को वरदान दिया।

"मैं इसे नहीं देखता," युवा डॉक्टर ने कहा।

"मैंने इसे देखा," महिला ने कहा, "जब आप अपनी नेकटाई को सीधा कर रहे थे! ओह, बेशक, दुकानें फिर कभी नहीं हो सकती हैं।" उसने असली भावना के साथ जीत हासिल की। "सभी समलैंगिक, रेशम या कांस्य के प्रतिष्ठित अंगुलियों, धूर्त खोजपूर्ण खज़ाना के माध्यम से खजाने और के स्तरों! लेकिन सिर्फ पैकेज हिस्सा?" वह तुरंत रुकी। "ओह, पैकेज वाला हिस्सा मुझे विश्वास दिलाता है कि आप पूरी तरह से आसान हैं, जब तक कि मेमोरी टिकती है और कल्पना होती रहती है। मेरे एक तरफ एक चेक बुक और दूसरे पर डाक टिकटों के कुछ डॉलर मूल्य के साथ, सभी मुझे करना होगा। , "वह हँसा," बस वहाँ मेरी पीठ पर झूठ बोलने और सभी पत्रिकाओं के विज्ञापन पृष्ठों का अध्ययन करने के लिए है। हर आकर्षक गाउन जो एक फैशन कैटलॉग से मदद के लिए रोता है! हर अथक लॉन घास काटने की मशीन है कि एक स्तंभ के स्तंभों से अपने कौशल का परित्याग करता है! कृषि पत्रिका! पुष्प चमत्कार के दस प्रतिशत पैकेज, या सौंदर्य की दुकानों से दस डॉलर लोशन! निश्चित रूप से फिर से समय के अंत तक एक दिन भी नहीं होना चाहिए जब मुझे यह उम्मीद करने का उचित अधिकार नहीं है कि कुछ आ जाएगा!

"और मेरे पास एक विकराल नाव होगी, निश्चित रूप से," महिला ने बेशर्मी से कहा। "यह क्या है? ओह, 'मोटर बोट' आप इसे कहते हैं? ओह, किसी भी तरह का एक पुराना इंजन, -मुझे परवाह नहीं है, जब तक यह एक आदमी और एक लड़के को पूरे दिन व्यस्त रखने के अपने उद्देश्य को पूरा करता है के रूप में वे हमेशा इसे चलाने के लिए कैसे करते हैं। और दिन में एक बार, हर देर दोपहर में, मैं अपनी नाव को मुख्य भूमि तक पहुंचाता हूं — मेरे पियाजे की आकाश रेखा से बाहर रास्ता। फिर, बस छत के ढलान और रेलिंग की लिफ्ट के बीच, वे एक झंडा फहराएंगे अगर मेरे लिए कुछ है और अगर नहीं है - अगर वहाँ नहीं है? " उसकी सनकी भविष्यवाणी के दौरान अवर्णनीय जलन अचानक बस गई। "और अगर कुछ भी नहीं है, तो उन्हें कभी भी वापस जाने की ज़रूरत नहीं है!" महिला का अपहरण कर लिया।

"ओह, ज़ाहिर है, यह सब ठीक है," युवा डॉक्टर का मजाक उड़ाया। "लेकिन आपके द्वीप के मूल विवरण में मुझे याद है कि बड़े भंडारगृहों या खाली गोदामों का कोई उल्लेख नहीं है। थोड़ी देर के बाद आप जानते हैं, हर दिन आने वाली चीजों के साथ और घर, मैं अनुमान लगाता हूं, एक बड़े कमरे को छोड़कर। , निर्वाह कोई विशेष नहीं है। "

"बेवकूफ!" महिला को रोका।

"ओह, मैं देख रहा हूँ," युवा डॉक्टर हैरान। "आप - आप का मतलब है कि आप चीजों को देने जा रहे हैं? युवा भतीजी की भीड़, और खराब संबंध और सभी प्रकार की चीज? क्यों-क्यों, बिल्कुल!"

"ओह तेरी!" महिला ने कहा। अचानक कमज़ोर आँखों से उसका पूरा चेहरा अकस्मात काँप गया और ठंडा हो गया। "ओह, नहीं! मैं कुछ भी देने के माध्यम से हूँ!" तात्कालिक रूप से उसने युवा डॉक्टर की चुप्पी को चुनौती दी, फिर उसके तकिए में फिर से उदासीनता के साथ डूब गया। "सांसारिक रूप में मैं हूँ," वह बहुत बेहूदा तरीके से मुस्कुराई, "और सांसारिक रूप से मेरे पिता और माँ मुझसे पहले थे, और उनके पिता और माँ, निस्संदेह, उनसे पहले, एक छोटी सी प्रार्थना है जिसे मैं कभी नहीं भूलूंगा, और मैंने पाया अगर यह तथ्य आपको रुचिकर लगे, तो मेरे दादाजी की पहली चेक बुक के पीछे फीकी बैंगनी स्याही में श्रमसाध्य रूप से अंकित, इससे पहले, जाहिर है, या तो धन या सांसारिकता में स्थापित होना शुरू हो गया था, और यह छोटी प्रार्थना है।

"अगर भाग्य और वित्त इतना संयमी होना चाहिए कि मैं किसी भी प्रकार का दाता नहीं बन सकता, तो स्वर्ग अनुदान यह है कि कम से कम मैं एक कंजूस रिसीवर नहीं हो सकता हूं, लेकिन इस तरह के लाभार्थी के साथ अनजाने में साझा करें, क्योंकि वह मुझे अधिक खुशी का पक्ष ले सकता है क्योंकि उसका लाभ सबसे अधिक है मुझे सम्मानित किया!

एक बार और बेहोश मुस्कान निंदक में बदल गया। "यह बात है," महिला ने कहा। "मैं कंजूस रिसीवर्स से थक गया हूँ!"

युवा डॉक्टर ने कहा, "मुझे डर है कि मैं आपसे नहीं मिलता"।

"क्या आपको कभी कुछ नहीं मिला?" महिला को विस्फोटक तरीके से गिरा दिया।

अब भड़कने की युवा डॉक्टर की बारी थी। "ओह, हाँ," उन्होंने कहा। "कभी-कभी मैं महिलाओं की योनि से अजीब तरह से थक जाता हूं!"

उसकी नस के बजाय उसकी नस से महिला हँसते हुए बाहर निकल गई।

"आप इतने जवान हो!" उसने कहा।

"आपकी योनि के रूप में किशोर नहीं है," युवा डॉक्टर ने विरोध किया।

"लेकिन मेरी योनि किशोर नहीं है!" महिला को जोर दिया। "वे उतने ही पुराने और समय के अनुसार अंतर्धान हो गए। सत्रह वर्षों तक," महिला को जल्दी दिया, "मैं दुनिया भर से 'उपहार इकट्ठा' कर रहा हूं, अवैयक्तिक थोक से बाहर की चीजों को चीर कर, जैसा कि वे थे, उन्हें सबसे अच्छा लागू करने के लिए मैं इस व्यक्ति को, या दूसरे की, व्यक्तिगत आवश्यकता को कह सकता हूँ, यदि आप चाहते हैं, कि मेरे पास पैसे खर्च करने के अलावा मेरी यात्रा पर और कुछ नहीं है, फिर भी यह तथ्य है कि जहाँ तक मेरी अपनी व्यक्तिगत संतुष्टि का सवाल है देने के मामले में, मैं सत्रह वर्षों से एक अथाह गड्ढे में प्रस्तुत कर रहा हूं। कभी भी, मेरा मतलब है, "औरत को मुस्कुराया," एक बार कभी नहीं, रसातल पर तरस के रूप में उपहार नीचे चला गया, क्या मैंने कभी प्रवेश को सुना है। ऐसा लगता है कि यह एक उपहार है जब यह वास्तविक प्रशंसा पर उतरना चाहिए। "

"ठीक है, आप एक निंदक हैं!" युवा चिकित्सक को मना लिया।

"मैं इसे स्वीकार करता हूं," महिला ने कहा। "फिर भी एक निंदक निष्पक्ष हो सकता है।" पहली बार उसके थके हुए, परिष्कृत चेहरे, चतुरता और विडंबनाओं को सरासर घबराहट द्वारा समान रूप से विभाजित किया

गया था। "मैंने सोचा कि यह सब दूसरे व्यक्ति के दृष्टिकोण से शालीनता से हो सकता है," वह हैरान हो गई। "मैं उनका पक्ष देखता हूं, मुझे लगता है। मेरे पास किसी भी उपहार के लिए किसी व्यक्ति के कृतज्ञता की मांग करने का कोई कानूनी, संवैधानिक अधिकार नहीं है, जो कि मेरी ओर से पूरी तरह से स्वैच्छिक है। सभी संभावित लोगों में से बहुत से लोगों के पास असीम रूप से एक उपहार नहीं होगा। इसके लिए एक 'धन्यवाद' लिखने के लिए बाध्य होना चाहिए। इस तरह के व्यक्ति की इच्छा और झुकाव के खिलाफ, मेरा मतलब है, मुझे उसके बाहर 'धन्यवाद' करने का कोई अधिकार नहीं है, यहां तक कि सोने पर चढ़कर गोल्फ की छड़ें या पहले संस्करणों के साथ भी। मुझे हाइवेमैन होने का कोई अधिकार नहीं है, मेरा मतलब है कि भले ही मैं सचमुच 'धन्यवाद' के लिए मर रहा हूं, लेकिन मुझे कोई और अधिकार नहीं है, मेरा मतलब है कि मुझे उपहार के साथ एक व्यक्ति को पकड़ना होगा जो मुझे करना होगा उसे बंदूक से पकड़ लो। ”

"तो आप किस बारे में उपद्रव कर रहे हैं?" युवा डॉक्टर से पूछा।

"मैं इसके बारे में नफरत कर रहा हूँ," महिला ने कहा। सभी चतुरता अचानक उसके चेहरे पर वापस आ गई। "मेरा मतलब ठीक यही है!" वह तेजी से रोया। "जब मैं तीन महीने के लिए पेरिस में रहता हूं, उदाहरण के लिए, एक आदमी की बेटी के लिए एक ट्रॉसी इकट्ठा करने के लिए जो मेरी युवावस्था में एक बार मेरे लिए कुछ का मतलब था, और उस लड़की से नियत समय में प्राप्त होता है, जो गॉथिक लिखावट का एक पृष्ठ मुझे कोई धन्यवाद नहीं देता है मेरे 'शानदार उपहार' के लिए कितने उत्साह से, 'मैं आपको बताता हूँ कि मैं उसे उसके कंजूस होने के लिए मार सकता हूँ! न कि उसके बारे में एक शब्द भी, आपको समझ में आता है, न कि जूतों पर टिप्पणी! न कि ज़बरदस्त, शिरापरक घूंघट, रेशम का ज़बरदस्त उल्लेख! मोज़ा, शाम का गाउन, स्ट्रीट सूट, मिंक फ़र्स, कुछ भी! बस पूरे आउटफिट, उन्हें 'ट्रंक' के बाद ट्रंक, सभी एक साथ गांठदार हो गए और एकमुश्त शब्द 'उपहार' के तहत पूरी तरह से खारिज कर दिया! और यह सिर्फ एक 'उपहार' नहीं था जो मैंने उसे दिया था, आप समझे? " महिला ने कहा कि भावना की अचानक असली ट्विस्टिंग है। "लगभग कोई नहीं, तुम्हें पता है, कभी सिर्फ एक 'उपहार देता है।" मैंने वास्तव में उसे क्या दिया, निश्चित रूप से मेरे स्वाद, समय,

स्वभाव के तीन पूरे महीने थे! मेरे वांछित होने के तीन पूरे महीने! एक युवा लड़की के लिए एक महिला के सपनों के तीन पूरे महीने! मैंने वास्तव में उसे क्या दिया। बेशक, उसके बुजुर्गों की दासी थी, उसकी सभी लड़की की चुचियों की चुभन, नई, अकथनीय गर्व और एक सचेत रूप से परिपूर्ण उपकरण की गरिमा! उसे गिरजाघर चैंसल के ग्रे उदास के माध्यम से धुंध और मोती के एक मर्ज को देखा! क्या मैं वास्तव में उसे दिया था - "

"हाँ, लेकिन आप निश्चित रूप से जानते हैं कि उसने उपहार की सराहना की है," युवा डॉक्टर को चित्रित किया।

"क्यों, बेशक उसने उपहार की सराहना की!" महिला का अपहरण कर लिया। "लेकिन मैं जो ढूंढने की कोशिश कर रहा हूं वह कुछ ऐसे हैं जो देने वाले की सराहना करेंगे! कोई भी उपहार की सराहना कर सकता है," उसने अभूतपूर्व तिरस्कार के साथ जोड़ा। "प्रसन्न?" महिला का अपहरण कर लिया। "क्यों, निश्चित रूप से, वह प्रसन्न थी! मेरे बारे में केवल एक बात यह है कि वह मेरे साथ अपनी खुशी साझा करने के लिए बहुत कंजूस थी! आग मैंने इतनी मेहनत से काम किया प्रकाश, सब ठीक हो गया, लेकिन बस मुझे गर्म करने से इनकार कर दिया।" ! यही कारण है कि! उसने अपनी कलम के एक अतिरिक्त उत्कर्ष पर ध्यान दिया कि उसके ओपेरा क्लॉक का अस्तर गुलाबी किलर की गुलाब की तरह था? या कि उसके यात्रा सूट की बनावट ने गर्व के साथ एक राजकुमारी बना दिया था? , जब उसने एक शब्द में एक दर्जन पेरिस की टोपियाँ लपकीं, तो एक शब्द 'अच्छा' में उसने एक ही पल के लिए सपना देखा कि उसने मेरी पूरी तरह से मानवीय भूख को मिटा दिया है, यह जानने के लिए कि वह लाल एक था या हरा एक या सोना जो सबसे अधिक खुश हो गया थोड़ा सा चेहरा? क्या यह उसके साथ कभी हुआ है कि उसके प्रेमी ने समलैंगिक छोटे भूरे रंग के चमड़े के शिकार सूट के बारे में क्या कहा? छह महीने, इसलिए रिविएरा के कुछ आधे गर्म महल में मौत के लिए, दस हजार में एक मौका है? क्या आपको लगता है, कि वह मुझे यह कहने के लिए लिखेगी, 'ओह, आप डार्लिंग, आपने कभी कैसे एच मोल्स्किन नाश्ते के कोट और फूटी के बारे में सोचने के लिए कहा गया है? ' और फिर!" महिला को डांटा। "जब एक अजीब पुराना मिशनरी वापस अफ्रीका जाने के लिए एक मध्य-समुद्र की चांदनी रात में आराम करता

है, ताकि एक महीने बाद उसे एक खच्चर और गाड़ी भेजने के लिए मज़ाक करना पड़े, तो वह अपने वफादार, अनाड़ी बूढ़े पैरों को अफ्रीकी रेत से दूर रखे। आपको लगता है कि यह मेरे लिए मज़ेदार है कि वह आठ स्मगल लेबर पेज मुझे भेजे-उनमें एक चाँद के बिना, -'उन अच्छे कामों के लिए बेहतरीन अवसर, जो मेरी बहुत बड़ी दौलत मुझे देनी चाहिए, 'और इस तरह के सबसे हाल के अकाउंट के लिए' मुझे विशेष रूप से बधाई ' मेरे वजीफे की जगह जो मैंने अपने नेक उपहार में दी है? " एक एकल रोशन फ़्लैश हास्य के लिए वापस महिला की भौं में घुमाया। "मदहोश कर देने वाली बात है!" वह मान गई। "एक तस्वीर पोस्ट कार्ड पर - जिद्दी, टूटी-फूटी पेंसिल के साथ - मैं इतना असीम रूप से नहीं बल्कि बल्कि वह चिल्लाया था, 'तुम्हारे लिए, बूढ़ी लड़की! यह कुछ खच्चर है!"

थकान की थोड़ी सी आह के साथ वह अपने तकिए में वापस आ गई। "प्राप्त करने की तुलना में अधिक धन्य? ' बहुत स्पष्ट रूप से! " उसने कहा। "हर जगह यह एक ही है! लोग चित्रों को प्यार करते हैं और उन पर ध्यान नहीं देते हैं जिन्होंने उन्हें चित्रित किया है! लोग कहानियों को प्यार करते हैं और कभी भी याद नहीं करते हैं कि उन्हें किसने लिखा है! क्यों, इस शहर में किसी भी दुकान में," उसने कहा, "मैं दांव पर लगा सकता हूं और सौ पेश कर सकता हूं।" आपने देखे गए सबसे पुराने पुराने क्लर्क को डॉलर का बिल दिया और एक घंटे में वापस चला गया और वह आपको नहीं देख पाया! "हा! वे वास्तव में क्या मतलब था 'उपहार में जोड़ा गया एक बोर है?"

"अच्छा, आप इसके बारे में क्या करने का प्रस्ताव करते हैं?" युवा चिकित्सक को थोड़ा अधीरता से समझा।

"मैं इसके बारे में ऐसा करने का प्रस्ताव करता हूं!" महिला ने कहा। "मैं एक सुधारक बनने का प्रस्ताव देता हूं!"

"एक सुधारक?" युवा चिकित्सक को परेशान किया।

"अच्छी तरह से, तो एक बदला लेने वाला! अगर आपको यह शब्द बेहतर लगता है," महिला ने स्वीकार किया। "ओह, मैं चीजें खरीदने का

अधिकार रखूंगा, बेशक," उसने उसे आश्वस्त करने के लिए बहुत जल्दबाजी की। "और चीजें दे रही हैं, निश्चित रूप से। शायद ही कभी अचानक जीवन की आदत और जीवन के समय को तोड़ सकता है। केवल मैं अपने शॉट्स को बहुत अधिक नहीं बिखेर सकता हूं। लेकिन एक एकल व्यक्ति पर अपने घातक लक्ष्य को ध्यान केंद्रित करें। मुझे लगता है कि मैं महिला का मजाक उड़ाऊंगी। "सभी दैनिक पत्रों के उस अद्भुत स्तंभ में सक्षम-से-हज़्स के बजाय भ्रामक रूप से लेबल किए गए 'चाहता' है, मैं इस आशय के किसी कथन को सम्मिलित करूंगा:

"शानदार धन की एक विलक्षण मध्यम आयु वर्ग की महिला, उदार उदारता, और कोई सामान्य ज्ञान नहीं है, जो उसके 'प्यारे दक्षिणी घर' में एक कंजूस रिसीवर को प्राप्त करेगी।

"आपके द्वारा दिए गए उत्तरों को देखना दिलचस्प होगा!" अनियंत्रित चंचलता के साथ युवा चिकित्सक को ललकारा।

लगभग अपूर्ण रूप से महिला ने अपनी भौंहों को मोड़ दिया। "ओह, ज़ाहिर है, मैं मानता हूं कि उनमें से ज्यादातर शरण से होंगे," उसने कहा। "मुझे विशेष दरों की पेशकश। लेकिन वहाँ हमेशा एक मौका है, ज़ाहिर है, कि -" एक पेंसिल-सत्तारूढ़ के रूप में सीधे दोनों भौहें लाइन में अचानक से गिरा दिया। "लेकिन मैं काफी चांस ले रहा हूँ, धन्यवाद!" वह अतिरंजित भंगुरता के साथ समाप्त हो गया।

"और क्या लेने का प्रस्ताव है?" युवा डॉक्टर से थोड़ा सूखने के लिए कहा।

"तुम पह!" महिला ने कहा।

ब्यूरो के किनारे पर युवा डॉक्टर अपनी पटरियों में अचानक से घुसे।

"ठीक है, आप टी जीत गए!" उन्होंने कहा। उसका चेहरा गुस्से से काफी सफेद था।

"क्यूँ नहीँ?" महिला को खींचा। एक बच्चे के रूप में बेरहमी से वह अनुमान लगा रही थी कि वह आदमी के कंधे के सीमों की अचानक

बेहोश हो गई थी। केवल घूरने की ललक ने इसे अपनी बदनामी से छुटकारा दिलाया। "क्यूँ नहीं?" उसने कहा। "क्या आपका अभ्यास यहाँ इतना विशाल है कि आप पूरी तरह से एक वेतन को अनदेखा कर सकते हैं जैसे कि मैं आपको दूंगा?"

"फिर भी," युवा डॉक्टर को जीता, "यहां तक कि आप सब कुछ नहीं खरीद सकते!"

"क्या मैं नहीं कर सकता?" औरत मुस्कुराई। भावुक इच्छाशक्ति और गर्व में उसकी मुस्कुराहट फिर से अपनी पतली-पतली रेखा में बदल गई। "लेकिन मुझे आप की जरूरत है!" उसने घमंड से पूछा। "मैं तुम्हें पसंद करता हूं! अगर मेरे पास शहर के हर व्यवसायी की पसंद होती, तो मैं -!" नसों के एक तेज फुसफुसाहट के साथ आँसू अचानक उसके गाल को स्ट्रीम करने लगे। "वहाँ है - तुम्हारे बारे में कुछ है," वह हकलाया। "एक ट्रॉली कार दुर्घटना में, एक स्टीमर घबराहट में, एक हजार में से," उसने कहा, "मैं सहज रूप से आपकी ओर मुड़ गया हूँ!" जैसे ही वह आया था, उसके चेहरे से आँसू की बाढ़ गायब हो गई, बजाय एक अविश्वसनीयता के ग्रे-लकीर झिलमिलाहट छोड़कर। "क्यों, मुझे भी नहीं पता कि मैंने तुम्हें पाने के लिए क्या किया!" उसने स्वीकार कर लिया। "शहर के सभी डॉक्टरों से बाहर - इसका इरादा रहा होगा! यह होना चाहिए! अगर इसमें कोई भी त्रुटि है तो यह इस तरह के विवरण की व्यवस्था कर सकता है! मैंने आपको प्राप्त करने के लिए क्या किया?" उसने जबरदस्ती मांग की।

पहली बार युवा डॉक्टर के दुबले होने पर, तपस्वी को विश्राम की अभिव्यक्ति का सामना करना पड़ा।

"ठीक है अगर तुम सच में जानना चाहते हो," उन्होंने कहा। "जब आप होटल के दरवाजे पर अपनी गाड़ी से उतारे जा रहे थे, तो मैं सिर्फ मुफ्त में खाना खा रहा था-"

"भूख या प्यास?" महिला को झांसा दिया।

"आपके व्यवसाय में से कोई भी नहीं," युवा डॉक्टर मुस्कुराया।

"ओह, और इसके अलावा," महिला को तुरंत ललकारा। "मैंने सोचा, शायद नहीं, कि कोई लड़की हो सकती है। कोई ऐसा व्यक्ति हो सकता है जिसे आप कोच कर सकते हैं! खरीदारी के लिए मेरे जुनून के बारे में, मेरा मतलब है! मुझे परवाह नहीं है कि कौन चीजें प्राप्त करता है! अगर कोई भी आपको पसंद है, तो वह भी हो सकता है वो एक बनें!"

"धन्यवाद," युवा डॉक्टर ने कहा। "लेकिन मैं किसी भी लड़कियों को जानने के लिए नहीं होता!"

"काफी है!" महिला ने कहा। "तो आपके आने को जटिल करने के लिए कुछ भी नहीं है!"

"लेकिन मैं नहीं आ रहा हूँ!" युवा डॉक्टर को देखा। उसकी आँखों की पुतलियाँ मृग की तरह विस्फारित प्रकाश से अचानक घिर गईं।

"लेकिन आप आ रहे हैं," भावना की झिलमिलाहट के बिना महिला ने कहा। "दिन के बाद कल यह पेन्सिलवेनिया स्टेशन से तीन-तीस की दूरी पर है।"

"मैं नहीं!" युवा डॉक्टर ने कहा।

"आप तोह!" महिला ने कहा।

जब यह आंकड़ों के मामले में सही हो जाता है, तो आपके जीवन में कितनी बार आपके पास अपना रास्ता है और बस कितनी बार आप नहीं, । जब वह युवा डॉक्टर को वरदान दे रही थी, तो टोम गैलियन अतिरंजना नहीं कर रही थी, क्योंकि वह अपना रास्ता खुद बनाने की आदत में थी। वह निश्चित रूप से था! अधिकांश घटनाओं में, उसके पास वास्तव में अपना रास्ता था। और अधिकांश घटनाओं में अब उसका अपना तरीका था। यह कहना है, कि दक्षिण कैरोलिना ट्रेन ने पेन्सिलवेनिया स्टेशन को ठीक उसी समय छोड़ दिया था जब उसने कहा था कि यह होगा। और मार्था बधिर उस ट्रेन में थी। और वह खुद, उस ट्रेन में थी।

लेकिन युवा डॉक्टर नहीं था।

"ज्यादा नहीं! ज्यादा नहीं!" जिस तरह से युवा डॉक्टर ने कहा था, अगर आप वास्तव में जानना चाहते हैं।

लेकिन उसने उस दोपहर बहुत कम कहा। पूरी तरह से फ्रैंक होने के लिए उसका लंच बहुत घटिया था, और उसका नाश्ता, उससे पहले और उसका रात का खाना, उससे पहले। आगे पुनर्मिलन विशुद्ध रूप से नीरस होगा। इसके अलावा, इस विशेष दिन पर मौसम असाधारण रूप से उत्तरी था, उसका कार्यालय ठंडा और अंधेरा और कुछ पीछे की गली के रूप में अंधेरा, और उसकी सामान्य पेशेवर संभावनाएं जैसे सुस्त थी, अगर वास्तव में सुस्त नहीं था, तो उसके राख का आखिरी कश। पाइप। फिर भी उन्होंने अपनी स्थिति को एक भूरे बालों वाली अमान्य महिला के रैपर-स्ट्रिंग्स द्वारा दक्षिण की ओर खींचे जाने की तुलना में अपनी स्थिति को परमानंद गिना, क्योंकि वह शरीर से कमजोर थी। "बहुत ज्यादा नहीं!" लंबे समय तक उसके पाइप में कोई गर्म स्वाद नहीं बचा था, वह अभी भी वाक्यांश पर टगिंग कर रहा था। "बहुत ज्यादा नहीं!"

लेकिन एम.आर.एस. उसके ठीक ट्रेन में ठुमके लगाते हुए टॉमी गैलियन दक्षिण के शब्दों की और भी अधिक तीखी थी, जब वह अपने दोष पर अपनी टिप्पणी पर आया था।

"इडजोत!" उसने वॉशिंगटन से वापस टेलीग्राफ किया। ऑपरेटर जिसने टेलीफोन पर संदेश दोहराया है वह स्पष्ट रूप से क्षमाप्रार्थी था।

"हाँ, डॉक्टर," धात्विक आवाज की व्याख्या की। "यह बिल्कुल वैसा ही है जैसा हमने इसे प्राप्त किया। यह 'बेवकूफ' भी नहीं है।" "क्योंकि हमने सत्यापन के लिए वापस तार दिया। ' यह वही है जो हो सकता है। शायद यह एक कोड वर्ड है, "आवाज को काफी सराहा।

यह निश्चित रूप से एक "कोड" शब्द था। और संदेश है कि यह बताने की मांग की थी स्पष्ट रूप से यह है:

"कैसे एक अजीब शहर में किसी भी युवा संघर्ष करने वाले चिकित्सक, न केवल अपना भविष्य बनाने के लिए, बल्कि अपने वर्तमान के साथ, कैसे इस तरह के एक तंत्रिका, तंत्रिका, मैं कहता हूं, एक नियमित वेतनभोगी स्थिति और सभी खर्चों, सभी खर्चों को मना करने के लिए , तुम, एक ख़ुशबूदार जलवायु में, और एक महिला के साथ, एक महिला के साथ, एक महिला के साथ, जिसे अन्य पुरुष असीम रूप से समझदार और अधिक परिष्कृत करते हैं, वह शायद ब्याज और आकर्षण से रहित नहीं है? "

"क्रैम-जाम" पैक करने के बारे में बात करें? निश्चित रूप से कोई भी सप्ताह के अंत में सूटकेस कभी भी एक छोटे टेलीग्राम "इडजोट" की तुलना में अधिक महत्व के साथ नहीं बढ़ सकता था! और समान रूप से निश्चित रूप से इसका संदर्भ लगभग एक सप्ताह के लिए युवा चिकित्सक के दिमाग को पूरी तरह से "कपड़े पहने" है।

लेकिन महान वर्ग सफेद लिफाफा जो से नियत समय में आया। एक चेक को छोड़कर टोम गैलियन में कुछ भी नहीं था। कोई प्रतिवाद नहीं, मेरा मतलब है, कोई ऊहापोह नहीं, कृतज्ञता का कोई भी आक्षेप नहीं। बस एक सीधा-साधा असमानताहीन काला और सफेद चेक इतनी यात्रा में इतने सारे पेशेवर दौरे को कवर करता है। एक आदमी ने भेजा होगा। एक अच्छी तरह से आदमी, मेरा मतलब है।

"और इसलिए एपिसोड समाप्त होता है," युवा डॉक्टर ने अलग संतोष के साथ पेश किया।

लेकिन यह अंत नहीं था, ज़ाहिर है। महिलाओं को पसंद है। चीजों को समाप्त करने के लिए नहीं बल्कि उन्हें शुरू करने के लिए बनाया गया था। इस तरह के रिसाव का राज्य है।

यह अगले दिन था कि भव्य पियानो युवा डॉक्टर के कार्यालय में पहुंचे।

अब युवा डॉक्टर के कार्यालय ने आसानी से अधिक रोगियों को समायोजित किया होगा। लेकिन पियानो मूवर्स लगभग हमेशा इतने मोटे

होते हैं। फुफकारना, उड़ाना, कसम खाना, गुनगुनाना, —पूरा डिंगी कमरा अचानक खचाखच भरा हुआ लग रहा था।

"लेकिन यह मेरा पियानो नहीं है!" युवा डॉक्टर को उनके अंतिम रिट्रीट के प्रत्येक कुर्सी, डेस्क, टेबल से विरोध किया। "यह मेरा पियानो नहीं है!" वह दरवाजे से चिल्लाया। "यह मेरा पियानो नहीं है!" उसने खिड़की से झांका।

लेकिन यह उसका पियानो था, बिल्कुल! पियानो मूवर्स कसम खाता था कि यह था। पियानो वॉररोम्स ने कहा कि यह था। । । सबसे बुरी बात यह है कि पियानो पर एक ही टखने पर एक टैग लगा, जिसमें यह घोषित किया गया था कि यह है। और उद्घोषणा में सबसे अलग थी। की लिखावट।

"डॉ। सैम। केंड्रे के लिए," यह कहा। "मेरी प्रशंसा और सम्मान के एक मामूली टोकन के रूप में।"

"" सराहना? ' "" सम्मान? ' गैलियन ठीक वैसा ही जैसा उसने उसके बारे में सोचा था। और इसका। "यह" बेशक पियानो है।

"दुनिया में जो कुछ भी," उसने मांग की, "क्या मैं एक पियानो के साथ करूँगा? ओह, बेशक यह आप पर बहुत दयालु और वह सब है," उन्होंने क्रास व्यंग्य के साथ स्वीकार किया। "लेकिन मेरे पास कोई संभावित मंजिल नहीं है, आप समझें, मेरे कार्यालय से परे और उससे सटे हुए बहुत छोटे बेडरूम के साथ, और एक टन के लायक लकड़ी और तार का एक चौथाई हिस्सा इस तरह नीचे गिर गया कि मेरे कार्यालय के ठीक बीच में यह मुझे छोड़ देता है, मैं आपको विश्वास दिलाता हूं, कोहनी-जगह की एक असाधारण सीमित मात्रा में जब तक कि यह एक प्रकार का रनिंग ट्रैक न हो, जो अभी भी कमरे के चरम किनारों के आसपास जीवित रहता है। और इसके अलावा पियानो शीशम का है, जैसा कि आप पहले से ही जानते हैं, और करूब के साथ सभी सम्मिलित हैं। सेराफिम लैवेंडर गुलाब के पुष्पांजलि में झपकी लेता है। अब वनस्पति विज्ञान मैं मानता हूं, मेरी रेखा से अलग है। लेकिन करूब और सेराफिम निश्चित रूप से बहुत ही अजीब रूप से अजीब हैं।

"और एक नोट को दूसरे से जानना नहीं, - क्या वास्तव में मैं आपको पहले की तारीख में काफी स्पष्ट रूप से बता रहा हूं, ठीक है, - अगर मुझे कठोर लगता है, तो मुझे बताएं," उसने फिर से विस्फोट किया, "लेकिन दुनिया में जो कुछ भी मैं साथ करूंगा एक पियानो?"

एक बच्चे के मुंहतोड़ जवाब के रूप में सरल रूप से ढीठ। तोम गैलियन का लगभग तत्काल उत्तर।

"हाँ! आप क्या करेंगे? यह बिल्कुल वैसा ही है! मैंने सोचा कि मैं आपसे बाहर निकल जाऊंगा!" ने कहा ठुमके लगाना। "मेरे सुस्त क्षितिज के पार, सबसे विचलित करने वाली अटकलों का एक पूरा ढेर अचानक चमकने और चमकने लगा है। 'दुनिया में जो भी हो' आप एक पियानो के साथ क्या करेंगे?"

"मैं कम से कम इसे फिर से वापस कर सकता हूं," युवा डॉक्टर ने महत्वपूर्ण संक्षिप्तता के साथ लिखा।

"ओह, नहीं, तुम नहीं कर सकते!" टेलीग्राफ । ठुमके लगाना। "एप्रोपोस मामूली दोष और बड़े मार्क-डाउन माल ने गैर-वापसी योग्य मूल्यांकन किया।"

जबकि वह अभी तक इस संदेश पर धूम मचा रहा था। के विशेष वितरण पत्र ने उसके टेलीग्राम को पछाड़ दिया।

"संघर्ष मत करो," आग्रह किया। ठुमके लगाना। "आखिरकार, मेरे प्यारे युवा प्रतिपक्षी, जब यह ठीक पीतल के कटोरे के नीचे आता है, तो यह सिर्फ इतना ही सवाल नहीं है कि आप पियानो के साथ क्या करने जा रहे हैं, जैसा कि यह है - बस पियानो क्या करने जा रहा है तुम्हारे साथ, क्योंकि निश्चित रूप से, यह निश्चित रूप से कुछ करना होगा! और आप जितना अधिक कोर्स करेंगे उतना ही आपको मिलेगा! और आप जितना जल्दी इसे प्राप्त करेंगे, उतना ही आप इसे करेंगे! - ——

"ओह, यह सब नम, नमकीन, समुद्र-हरे रंग की शांति में मेरी पीठ पर यहाँ सपाट पड़ा हुआ है, -आग आ रही है, ज्वार-भाटे आ रही है, -संध्या बहते-बहते-तैरते, -मैं पूरे जंगली हीडलेस अतीत अपने आप को एक ही रोशन में दृढ़ विश्वास है। यह लोगों को उचित उपहार दे रहा है जो उनके पात्रों को अपमानित करता है, उनकी वैनिटी को लाड़ कर रहा है, और उनके आवेगों और उनकी स्याही दोनों को समान रूप से रोक रहा है! हाँ, सर!

"क्यों, अच्छाई, यार! अगर मैंने तुम्हें चप्पल पहनाया होता तो यह तुम्हारी रोज की जिंदगी से बाहर निकलकर तुम्हें एक इत्तला दे देता; या ऑपरेटिंग टेबल की लेटेस्ट डिजाइन ने तुम्हारे एक-एक दिल को भी ठग लिया होता? पर्याप्त युवा शरीर, या चालीस स्टेथोस्कोप के लिए क्या आप एक छोटे से तात्कालिक के लिए कल्पना करते हैं जो आपने मुझे पांच दिनों में दो बार लिखा होगा?

"लेकिन अगर कोई केवल खुशी के बजाय किसी व्यक्ति को पागल बना सकता है! अब वह वास्तविक दयालु है! इतना बलवान! इतना शिक्षाप्रद! इतना मार्मिक रूप से पुनर्निर्माण! क्योंकि अगर दुनिया में एक चमकता हुआ निशान है जो रोमांच से प्यार करता है, वह है एक चमकता हुआ पागल व्यक्ति।" उदाहरण के लिए, 'लकड़ी और तार की एक टन की चौथाई' के लिए आपकी विशेष रट में कोई जगह नहीं है। इस तरह के वेटेज का आगमन स्वाभाविक रूप से सादा होता है जो आपको अपनी रुत से बाहर निकलने के लिए बाध्य करता है। यहां तक कि एक पल के लिए?

"तो हेघो, लार्डी क्रॉस! और सरसराहट के रूप में उपवास के रूप में आप अपने आप को एक नया नेकटाई या एक बाल-कटौती या एक चमक प्राप्त कर सकते हैं! 'क्योंकि कुछ निश्चित रूप से आपके साथ होने जा रहा है! ठीक है! शायद यह भी--"

घृणा के एक झटके के साथ युवा डॉक्टर उछल पड़ा और अपने कार्यालय को गति देने लगा, -जिसके कार्यालय से बचा हुआ था, मेरा मतलब है, कमरे के चरम किनारों के आसपास। और जितनी तेजी से वह पागल हो गया, वह बढ़ता गया।

"ओह, महिलाओं की कल्पना!" वह तूफान आया। "अतिशयोक्ति!"

वह पूरी तरह से सही था। टॉम गैलियन अक्सर शानदार था, और निश्चित रूप से वर्तमान स्थिति से काफी अतिशयोक्तिपूर्ण है।

धमकी भरा "साहसिक" एक बार में नहीं हुआ! यह वास्तव में कम से कम दो घंटे के लिए नहीं हुआ!

अभी तक तथ्य यह है कि बड़े पियानो साहसिक के तल पर था। विज्ञान कोई शक नहीं कनेक्शन से इनकार कर दिया होता। लेकिन फैंसी कोई ऐसा मूर्ख नहीं है। निश्चित रूप से अगर वहाँ एक बड़ा पियानो नहीं था युवा डॉक्टर ने उस विशेष दोपहर में खुद को इतने बुरे स्वभाव में काम नहीं किया होगा। और अगर उसने खुद को इतने बुरे स्वभाव में काम नहीं किया होता, तो वह कभी भी खुद को बहला-फुसलाकर सड़कों पर निकलने की कोशिश नहीं करता। और अगर उसने इतनी मेहनत करने की कोशिश नहीं की होती "तो वह उसे बंद कर देता" वह कभी भी पूरी तरह से विकसित नहीं होता। और अगर उसने इतनी तेज भूख नहीं विकसित की होती तो वह कभी भी सबसे चमकदार रोशनी वाले रेस्तरां के लिए ठीक छह बजे बिलकुल नहीं होता। और यह चमकदार रोशनी वाले रेस्तरां के सामने सड़क पर था कि साहसिक कार्य हुआ।

हालांकि, कल्पना ने कभी यह दावा नहीं किया होगा कि यह बहुत कम रोमांच के अलावा कुछ भी था। आसमान नहीं गिरता, मेरा मतलब है, न तो दीवारों पर चढ़ना, और न ही युवा डॉक्टर के पैर में सोने के रोल के बैग। बस एक कार रुकी, -एक महान सादे, अनाड़ी रोज़ इलेक्ट्रिक कार, और उसके सामने के मंच से एक हाथ में एक सूटकेस के साथ एक लड़की, दूसरे में एक टोपी बॉक्स, और अच्छाई-पता-क्या एक कोहनी के नीचे टक गया, कूद नीचे कीचड़ में।

यहां तक कि रोमांच कभी भी शुरू नहीं होता अगर अच्छाई-पता-क्या लड़की की कोहनी से अचानक फिसल नहीं गया था और सड़क पर एक अच्छाई में विस्फोट हो गया-जानता है-कितने! यदि यह इतना अनाड़ी नहीं होता तो यह निश्चित रूप से मजाकिया होता। लेकिन यहां तक कि

महिलाओं के डिजिटल अनाड़ीपन को दर्शाते हुए, युवा डॉक्टर ने बचाव के लिए सहजता से छलांग लगाई। निश्चित रूप से पर्याप्त चीजें थीं जिन्हें बचाव की आवश्यकता थी! खिलौने वे साबित हुए। और ऐसा बिखराव! एक स्टेल्ड ऑटोमोबाइल के पहियों के नीचे एक भूरे रंग का आलीशान कून! एक तेजतर्रार लाल कागज गुलाब झाड़ी एक गाड़ी घोड़े की खुर के नीचे लुगदी को रौंद दिया! एक टिन स्टीम इंजन एक हॉबी ईंट फुटपाथ के पार! एक हरे-पंख वाले तोते को लोमड़ी टेरियर के मुंह में बहुत जल्दी गायब हो जाती है! यहाँ एक गुड़िया! वहाँ एक पेंट बॉक्स! और लड़की खुद इसके बीच में बिल्कुल असहाय खड़ी थी और सभी ने बीस रंगों के गुलाबी रंग के कपड़े पहने और अभी भी एक हाथ में चमड़े के सूटकेस और दूसरे में बड़ी टोपी बॉक्स के लिए सख्त लटके हुए थे।

"और यह बिल्कुल नहीं है कि मैं इतना मूर्ख हूं!" वह चुपचाप समझाती रही। "लेकिन यह है कि जब अंग्रेजी में कोई दुर्घटना होती है तो मैं अंग्रेजी में नहीं सोच सकता कि क्या करना है! अगर मैं अपना सूटकेस नीचे रख दूं!" वह चिल्लाती है, "एक कुत्ता इसे काट लेगा! और अगर मैं अपने बॉक्स को गिरा दूं तो एक रौंद मिल सकता है!"

यह तब तक नहीं था जब तक कि युवा डॉक्टर अंकुश लगाने के सुरक्षित किनारे पर मालिक और लेखों को पुन: प्रस्तुत करने में सफल नहीं हुए थे कि उन्होंने पहली बार देखा कि लड़की कितनी लंबी थी और कितनी चमकदार गोरी थी। "इस तरह के एक बेवकूफ की तरह व्यवहार करने के लिए पूरी तरह से बहुत लंबा और बहुत गोरा!" उन्होंने पूरी तरह से अतार्किक तर्क दिया। शिष्टाचार की अंतिम भड़क के साथ उन्होंने घटना को समाप्त करने की मांग की। "क्या आप दूसरी कार लेने जा रहे थे?" उसने अपने भीड़ भरे हाथों की ओर इशारा किया।

"ओह, नहीं," लड़की ने अपने टोपी बॉक्स की एक लहर के साथ कहा। "मैं वहाँ पर उस रेस्तरां में जा रहा था।"

"मैं ऐसा क्यों था," युवा डॉक्टर ने बहुत औपचारिक रूप से कहा। "तो अगर आप चाहें तो मैं आपके लिए अपना सूटकेस ले जाऊंगा। इससे कम से कम थोड़ी मदद मिलेगी।"

आगे की पराली के बिना वे बर्फ़ीली सड़क को पार कर गए और अभी भी सब-के-सब झुलस रहे थे और सर्द रात के साथ उत्तरी हवा के दो युवा मेहमानों की तरह स्नॉग लिटिल रेस्तरां में बोर हो गए। वास्तव में और साथ ही प्रभाव के कारण कमरे में अच्छी तरह से भीड़ थी और भट्टी विस्फोट की तरह भड़कने लगती थी। एक चकाचौंध चकाचौंध से चकाचौंध शायद वे अपने पटरियों में अचानक लड़खड़ाए। एक एकल तात्कालिक तात्कालिक के लिए, -चांद के रूप में, पाइन ट्री की छाया के रूप में स्वार्थ, -वह यहां असहाय रूप से घूर कर खड़ा था, हर जगह खुलकर सामने आने वाले चेहरों के धुंधलेपन में। तब परमाणु की चेतावनी के बिना उनके सामने एक छोटी सी महिला एक अकेली महिला के पैरों में कूद गई।

"क्यों, ज़ाहिर है, आप गरीब डरते हैं!" वह मुस्करा दी। "आप एक साथ सीटें प्राप्त करना चाहते हैं!" और भाग गए, अभी भी मुस्कराते हुए, कोने में एक दूर मेज पर एक खाली सीट के लिए।

एक गंभीर छवि शायद ही घटना की बेरुखी पर मुस्कराहट में मदद कर सके। और युवा डॉक्टर कोई मतलब नहीं था एक गंभीर छवि। लड़की के लिए के रूप में, वह सही बाहर गिड़गिड़ाती है, और एक आवेग के साथ आवारा अमेरिकी ने उसके लिए युवा डॉक्टर की कुर्सी से पहले ही बाहर खींच लिया, खुद को और अधिक जगह में नीचे गिरा दिया, जिसे दूसरी महिला ने अभी-अभी खाली किया था। "आखिरकार," वह सिकुड़ा हुआ मान गई, "यह इस तरह के परिणाम का नहीं है!" केवल उसके गालों में धधकते रंग ने उसकी गैरबराबरी को दूर कर दिया।

अपने बाएं हाथ को मेनू के लिए पहुंचने और उसके दाहिने हाथ ने अपनी जेब की खोज की, युवा चिकित्सक ने यह दिखाने की कोशिश की कि वह भी पूरी तरह से गैर-योग्य है।

"यह — यह बहुत ठंडा दिन है, है ना?" उन्होंने प्रायोगिक तौर पर निबंध दिया।

इससे पहले कि लड़की अपनी अद्भुत नीली आँखों को उठाती कार्ड के अपने चिंतनशील चिंतन से।

"नहीं-ओ," उसने कहा। "मुझे लगता है कि चिकन का सूप गुलदस्ता की तुलना में अधिक स्वाद वाला होगा।"

"मैंने क्या टिप्पणी की," युवा डॉक्टर को सताया, "वह मौसम था- मौसम-" अपने दाहिने हाथ से अपनी जेब में अभी भी, उसके चेहरे पर अचानक सदमे की एक सबसे उत्सुक अभिव्यक्ति पारित हुई। उसकी पॉकेटबुक चली गई थी! काफी हताश होकर उन्होंने टेलीफ़ोन बूथ की दूरी, दरवाजे का सबसे तेज़ रास्ता, दिशा-दिशा, किसी भी बहाने का अध्ययन किया, जो उन्हें जल्द ही छीन लेगा, जो पूरी तरह से अजीबोगरीब कंपनी की कंपनी में एक अजीब तरह के अजीबोगरीब माहौल से बाहर निकलता है। लड़की। फिर भी अगर वह इस तरह से स्पष्टीकरण के बिना बोल्ट करता, जैसा कि निश्चित रूप से उसका सबसे तात्कालिक आवेग था, तो क्या संभव है कि लड़की को आकर्षित किया जा सकता है, कुछ स्पष्ट रूप से कठोर और अपमानजनक उसके व्यक्तित्व के लिए अपमानजनक को छोड़कर। अपने गाल की हड्डियों पर एक बहुत ही निर्विवाद फ्लश के साथ उन्होंने स्पष्टीकरण देने का फैसला किया। "मुझे माफ करना," वह अपनी कुर्सी के पीछे एक तेज धार के साथ मुस्कुराया, "लेकिन यह सब मेरे साथ चिकन सूप का नमूना लेने के बाद मेरी खुशी नहीं होगी। कुछ उत्परिवर्ती वापस वहाँ - जबकि मैं उन शापित खिलौने उठा रहा था- "काफी हद तक फिर से वह अपनी सभी जेबों के माध्यम से अफवाह शुरू कर दिया। "कुछ म्यूट ने मेरी पॉकेटबुक को पिन किया है," उसने बस पूरी तरह से समाप्त कर दिया।

"क्या न?" लड़की रो पड़ी। "क्या न?" उसकी आँखें अभी भी नीले और चौड़े घूर रही हैं, वह अपनी आस्तीन के लिए एक पतली, मजबूत हिरासत में पहुंची। "आपका मतलब है कि आप इस तरह किसी भी रात का खाना नहीं हो सकता है?" वह डूब गई। "और रात भी इतनी अंधेरी और इतनी ठंडी? क्यों, क्या बकवास है!" उसने अचानक दम तोड़ दिया। "मेरे पास डूबने के लिए पैसे हैं! नहीं? क्या यह 'जलाने के लिए' है कि आप कहते हैं?" उसने खुद को ठीक किया। और उस पर अपना पर्स फेंक दिया। एक बच्चे की तरह चकित होकर वह खुद को पत्थर मारना शुरू

कर दिया। "निश्चित रूप से यह सब एक बहुत ही महान कल्पना है!" उसने रहस्योद्घाटन किया। "पहले तुम मेरे लिए मेरी दुकान उठाओ! और अब यह है कि मैं तुम्हारे लिए अपना दाना उठाता हूँ! क्या? नहीं!" वह युवा डॉक्टर के रूप में बहुत उत्सुकता से पर्स से इनकार कर दिया और बहुत निश्चित रूप से अपने पैरों के लिए गुलाब। उसके उल्कट मुखमंडल के पारभासी गोरेपन के पार, एक अंधेरा छाया की तरह अचानक चमकता हुआ। "क्या? नहीं? क्या यह इतना सही है?" उसने विरोध किया। "यह दयालु है? क्या यह सेंसलीक है? इतनी छोटी ट्रिफ़ल के लिए आपको चाहिए - 'सिंसब' क्या यह है कि आप कहते हैं, एक अजीब जमीन में एक अजनबी? निश्चित रूप से यह मेरी बोल्डनेस का नहीं था," उसने कहा। "लेकिन उस मनोहर स्त्री के साहस की साहस, कि मैं यहाँ बैठूँ!" फिर अचानक जैसे ही यह आया था उसके चेहरे से बस फिर से हँसी और एक अस्पष्ट उत्तेजक चुनौती को छोड़कर सभी छाया गायब हो गई थी। "ओह, जाओ अगर यह इस तरह के एक मूर्खता के लिए सबसे अच्छा लगता है!" उसने कहा। "लेकिन अगर आप जाते हैं तो मैं निश्चित रूप से हँसता हूँ! जोर से हँसते हैं, मेरा मतलब है! ठीक है! और इस तरह, मेरे चाकू और कांटे के हैंडल के साथ," उसने स्पष्ट करने के लिए धमकी दी, "मैं हँसते समय मेज पर हरा दूंगा" बा! " सुनसान कुर्सी की ओर उसने हौसला बढ़ाते हुए कहा, "दो सज्जनों के बीच एक सुराख की कीमत क्या है?"

"ओह, ज़ाहिर है, अगर आपको ऐसा लगता है!" युवा डॉक्टर को मना कर दिया क्योंकि वह वापस अपनी सीट पर चला गया। "काफी स्पष्ट रूप से," उन्होंने स्वीकार किया, "मुझे आपके चाकू और कांटे के हैंडल के साथ टेबल पर अपनी पिटाई के निर्दोष कारण से नफरत करना चाहिए। इसलिए यदि आप वास्तव में और वास्तव में सोचते हैं कि मैं ईमानदार दिखता हूं," उन्होंने एक अतिरंजित के साथ स्वीकार किया। किराया के बिल में ब्याज की बहाली। "मुझे देखने दो। साठ सेंट, यह है? और टिप? और एक डाक टिकट के लिए दो सेंट? हाँ, मैं निश्चित रूप से कम से कम दोपहर तक दु: ख से वापस आने में सक्षम होना चाहिए।" अभिव्यक्ति की झिलमिलाहट के बिना उसने अपनी अंधेरे आंखों को उसके पास उठाया।

अभिव्यक्ति की एक झिलमिलाहट के बिना वह स्पष्ट रूप से सटीक बिंदु पर बातचीत को फिर से शुरू करती है जहां वह इसे छोड़ने के लिए सबसे अधिक अनिच्छुक थी।

"और इसलिए," वह उज्ज्वल। "चिकन सूप के बाद, क्या यह आपको प्रतीत नहीं होगा, उदाहरण के लिए, टर्की असीम रूप से कॉर्न बीफ़ की तुलना में अधिक ठाठ होगा?"

अपनी संभावित नकारात्मक की परवाह किए बिना वह जल्दी से मुड़ गया और एक भारी-भरकम वेट्रेस को अपने पास बुलाया।

"निहारना अब यह एक डिनर पार्टी है!" वह पूरी तरह से उदासीन महिला के लिए स्वीकार किया। "सूप, टर्की, आपके सलाद का सबसे अच्छा, आपकी कॉफी का सबसे काला! सब कुछ बहुत ठाठ!"

"बहुत क्या?" वेट्रेस को समझा।

"बहुत तेज!" युवा चिकित्सक से संपर्क किया।

एक बार फिर अभिव्यक्ति की झिलमिलाहट के बिना अंधेरे आंखों और नीले रंग ने सफेद टेबल क्लॉथ की संकीर्ण चौड़ाई में एक दूसरे को चुनौती दी।

तब नीली आँखों का मालिक बाहर पहुंचा और एक ही ड्राफ्ट पर उसके गिलास में बर्फ का पानी डाल दिया।

"आह!" वह काँप उठी। "मैं भी आप से अधिक जल्दी में हूं। लेकिन यह मेरे लिए विनम्र नहीं लगेगा।

"ओह, मैं आपसे क्षमा चाहता हूँ," युवा चिकित्सक को हतोत्साहित किया, और अपने स्वयं के बर्फ के पानी के बदले में पीछे हट गए। यह तब तक नहीं था जब तक कि सूप का पाठ्यक्रम लगभग खत्म नहीं हो गया था कि उसने किसी और संवादात्मक आवेग के आगे घुटने टेक दिए, और तब भी वास्तव में यह सामाजिकता के बजाय औपचारिकता थी जिसने उसे प्रयास के लिए प्रेरित किया। "यह देखते हुए कि आप इतने दयालु हैं," वह

संन्यास लेने में सफल रहे। "और इसलिए - इतना भरोसा करते हुए," उसने कभी भी थोड़ा आराम किया, "कम से कम मैं निश्चित रूप से खुद को पहचान सकता हूं। मेरा नाम सैम केंड्रयू है। मैं एक डॉक्टर हूं।"

"तो-ओ?" बिना उत्साह के लड़की को मना लिया। काफी स्पष्ट रूप से उसने यह स्पष्ट किया कि टर्की के साथ आने वाली वेट्रेस दुनिया का एकमात्र ऐसा तथ्य था जिसने उसे उस पल में चिंतित किया। अभी तक एक जो जानबूझकर दूसरे विचार पर स्वीकार करता है कि कोई भी ईमानदार जानकारी कभी भी वास्तव में उपहास करने के लिए नहीं थी, उसने अपना चाकू और कांटा नीचे रखा और थोड़ा पुनर्जीवित होने के साथ युवा चिकित्सक का सर्वेक्षण किया। "सम? सम केंद्र?" वह बार-बार दर्द से कराहती रही। "मेरा नाम सेली केजलंद है!" वह तेज बात के साथ घोषणा की, और उसके खाने को फिर से शुरू किया।

"आपका नाम क्या है?" युवा डॉक्टर हैरान।

"सेल्जी केजेलैंड," वह इतनी बेहोश मुस्कुराई। "सुलती," उसने कहा कि एक बहुत परिचित के रूप में इस तरह के कार्य के आदी हैं। "। मैं एक प्रेमिका हूँ!" वह अचानक एक बहुत ही आश्चर्यजनक आश्चर्य व्यक्त करता है, जो एक व्यक्ति की सांस की तकलीफ के साथ अचानक भड़क गया।

"एक प्रेमिका?" युवा चिकित्सक को ललकारा। पहली बार, अपने हाथ की तेज ढाल के पीछे, एक छोटी सी चिढ़ा मुस्कुराहट चिकोटी काटने लगी। "सच में, तुम - तुम मुझे आश्चर्य!" वह लगभग तुरंत मजबूर गुरुत्वाकर्षण के साथ बरामद किया। "अब आपके उच्चारण से, मुझे लगता है कि आप एर-सेल्टिक थे!"

"सेल्टिक?" लड़की को समझा दिया। युवा डॉक्टर के चेहरे पर एक चतुर नज़र के साथ फिर वह हँसते हुए बाहर निकल गया। यह कोई जोर की हंसी नहीं थी। यह वास्तव में एक बहुत कम हंसी थी, और सबसे विशिष्ट संगीत। लेकिन उस पल में कमरे का पूरा ध्यान अचानक उस एक असहाय छोटी सी मेज पर खुद को केंद्रित करने लगा।

"वहाँ कुछ विशेष अजीब हमारे बारे में देख रहा है, मुझे आश्चर्य है?" युवा चिकित्सक को उकसाया। "या बल्कि, मेरे बारे में, मुझे कहना चाहिए?" उसने अपने आप को जल्दी ठीक किया। "यहां तक कि - उस परोपकारी महिला," उसने कहा, "जिसने हमारे लिए यह तालिका खाली कर दी! ठीक है, निश्चित रूप से मैं यह बिल्कुल नहीं कहूंगा कि वह अपनी कुर्सी पर बैठी थी, लेकिन -"

"ओह, यह कुछ भी नहीं है," लड़की ने अकारण अशक्तता के साथ कहा। "वह शाम को हम सभी को घूर रहा है। हर कोई हम सभी को शाम को घूर रहा है," उसने काफी जोड़ा। बहुत ही कम, लेकिन कोई भी कम तेजी से, जैसा कि उसने बात की थी, उसने अपनी थाली में कुरकुरी हरी सलाद की ओर ध्यान देना शुरू किया। "यह इसलिए है क्योंकि हम दोनों इतने लंबे और ठीक हैं," उसने आत्म-चेतना के परमाणु के बिना स्वीकार किया।

"ओह, ठीक है, वास्तव में, अपने लिए बोलो!" युवा चिकित्सक को निकाल दिया।

"मेरे लिए?" उसने थोड़ा सा अनुमान लगाया। एक बार फिर, अस्थायी गिरफ्तारी के एक क्षण में, उसने युवा डॉक्टर के चेहरे की जांच करने के लिए अपना चाकू और कांटा बिछाया। "ओह, नहीं," उसने उसे लगभग एक ही बार में आश्वस्त किया। "आप सबसे लंबे हैं और ठीक भी हैं! और इसलिए मेरी गोरी त्वचा बहुत अच्छी है!" वह फिर से अपने कांटा लेने के लिए मान गई। "निश्चित रूप से यह हम में से सबसे अधिक हड़ताली है," वह युवा चिकित्सक की तुलना में लेट्यूस के लिए पिछले अधिक पर पेश किया। "लेकिन उस बेचारी ने वहाँ पर क्या किया?" उसने क्षणिक रूप से रैली की। "हर जगह एक ही जाता है। यह वही है। 'बूढ़ी-बूढ़ी नौकरानी' वह है जिसे आप उसे कहते हैं? इतना दुखी! इतना उपेक्षित! इसलिए 'रोमेंटिक्स' यह है कि आप कहते हैं? वह जो भी देखती है, उसे देखकर लगता है कि वह युवा प्रेमी है! लेकिन व्यक्तिगत रूप से , "लड़की ने कहा," मैं अभी भी बहुत भूखा हूं। आइए हम ले लें कि मिठाई क्या है। "

"ओह, ज़ाहिर है," युवा चिकित्सक को प्राप्त किया। "अगर मुझे मिल गया है - अगर हमें मिल गया है - घूरते हुए, मेरा मतलब है, यह निश्चित रूप से कुछ करने के लिए काफी आरामदायक होगा।"

"पूरी तरह से," लड़की मुस्कुराई। "इसलिए जब हम आयनों और पीज़ की प्रतीक्षा करते हैं तो हमें देखते हैं कि खिलौनों से क्या बचा है।" और इससे पहले कि युवा डॉक्टर उसे मना कर सकें, उसने अपनी अजीब तरह से सेवानिवृत्त बंडल को मेज के स्तर तक उठा लिया था, और हरे-पंख वाले तोते और छोटे टिन रेलरोड ट्रेन के सापेक्ष नुकसान का ईमानदारी से अध्ययन कर रही थी। इस बात की स्पष्ट रूप से पुष्टि करने के लिए कि इस मामले में उसका खुद का संदेह क्या था, उसने जांच के लिए युवा डॉक्टर को रेलमार्ग ट्रेन सौंप दी।

और क्योंकि युवा डॉक्टर स्वाभाविक रूप से किसी भी चीज़ के बारे में स्वाभाविक रूप से जिज्ञासु था, जो टूट गया था, उसने अपने अंधेरे सिर को अचानक राहत की सांस लेने के साथ काम करने के लिए झुका दिया, और अगले पांच मिनट के लिए कम से कम उन दोनों के बीच सभी संभावित अजीबता विलीन हो गई, फिर वहाँ, एक अच्छी तरह से परिचित और आदी एसोसिएशन के आसान देने के तर्क में।

एक बार फिर उनकी छोटी सी मेज सबकी आँखों का सन्नाटा बन गई। अकेले अंधेरे युवा डॉक्टर काफी पर्याप्त हड़ताली दिख रहे थे। और नूर की चमक और गोरापन में लड़की कहीं भी एक चिह्नित व्यक्ति होती। लेकिन एक साथ? और अब? इस मिनट में? इतना चिंतित, इतना श्रमसाध्य, इतना उबाऊ? अगर कमरे ने सोचा था कि वे "युवा प्रेमियों" को एक आधे घंटे पहले चिल्लाते हैं, तो अच्छाई को पता है कि अब उन्हें क्या लगा!

कोने में रहने वाली महिला ने निश्चित रूप से अपने मूल छापों का पुनर्निर्माण किया था। अपने स्वयं के भद्दे सपोर्टर से बाहर निकलने पर, वह युवा डॉक्टर की कुर्सी के पीछे ही रुक गया था और उसके टूटे हुए खिलौने के इंजन के पहिये के आश्चर्यजनक हेरफेर को देखने के लिए। उसका चेहरा किसी भी तरह से अप्रिय नहीं था, लेकिन एक वादी में लगभग अतिरंजित रूप से अनुकूल था, जिस तरह से पदावनत।

युवा डॉक्टर के हाथों पर उनके ध्यान से उसकी चमकदार आँखें अचानक लड़की के चमकते हुए चेहरे पर उठीं, और उसने गुलाबी-ठंढे केक का एक छोटा सा पेपर बैग निकाला।

"उन घर ले जाओ," उसने कहा, "गरीब टूटे खिलौने के बजाय!"

"क्यों-क्यों, धन्यवाद!" लड़की को हँसाया।

"आपके छोटे कैसे हैं?" महिला को काफी अप्रासंगिक रूप से पूछा।

"एह?" युवा डॉक्टर को झटका दिया। अपने जॉगल किए हुए हाथों से छोटी टिन की रेलगाड़ी उसकी प्लेट में गिर गई।

अपने हाथों से उसके कानों पर जोर से ताली बजाई और लड़की उसके लहजे में सोच समझकर बोली।

"क्यों, लिसा चार है," उसने काफी सरलता से कहा। "और जोनाथन छह हैं, और -"

"ओह, क्या आपको 'जोनाथन' मिला है?" महिला को दया आई। उसका खुरदुरा चेहरा अचानक प्रकाश से काफी बदल गया था। "और क्या वह आपके जैसा दिखता है?" वह रोई। "या," मेज को एक और उदास नज़र से देखते हुए, "या वह अपने पिता के बाद लेता है?"

"उसके पिता के बाद ले लो?" बार-बार लड़की को खुलकर दुविधा में डालना। अपने साथी के चेहरे की अपनी व्यापक झलक किसी भी तरह से रहस्य को स्पष्ट नहीं करती थी। "'लेना?' 'अपने पिता के बाद ले लो?'' वह भड़क गई। "मैं बेवकूफ नहीं जानता - आइडिओ — मुहावरे!" उसने खुद को विजयी ढंग से ठीक किया।

अपने आप को थोडा थरथराता हुआ, वह आवारा अजनबी अचानक उसके कोट को बटन करने लगा। "ठीक है शुभ रात्रि!" वह मुस्करा दी। "शुभ रात्रि! शुभ रात्रि! मुझे आशा है कि आप दोनों अपने छोटे परिवार की पूरी खूबियों का आनंद लेने के लिए जी सकते हैं!"

"एह?" युवा चिकित्सक कूद गया। एक चादर के रूप में सफेद वह अचानक अपने पैरों पर था, और उस शाम पहली बार एक वास्तविक दिखने वाली मुस्कान ने अपने पतले-पतले मुंह के कम से कम एक तरफ खुद को घुमा दिया था।

"महोदया!" उन्होंने कहा, "न तो इस युवा महिला ने यहाँ और न ही मैंने पहले कभी एक-दूसरे पर आँखें रखी हैं, और न ही यह वास्तव में दूर की संभावना है कि घटनाओं के सामान्य पाठ्यक्रम में हमें कभी भी एक-दूसरे पर फिर से आँखें डालनी चाहिए! लेकिन अगर आप ऐसा करते हैं तो" वह अपनी नज़र में एक विशुद्ध रूप से घबराई हुई नज़र के साथ झुका, "लेकिन अगर आप इतने पर कायम रहते हैं - अपने में -" तो वह व्यर्थ ही भड़क उठता है। "हम निस्संदेह आधी रात तक उसी कब्र में पड़े रहेंगे!"

हांफने के बाद भी उसने लड़की का पर्स, उसका सूटकेस, अपना हैट बॉक्स, अपना कोट और टोपी तक छीन ली और कैशियर की मेज पर चढ़ गया।

उसके पीछे, उसके बिखरे हुए खिलौनों को सबसे अच्छे से उसके स्तन को दबाते हुए, उसके बाद गोरी लड़की का पीछा किया।

यहां तक कि जब वे अंततः सड़क के सबसे दूर के कोने पर बिजली की रोशनी की चौकी पर पहुंचे थे, तो रंग केवल युवा चिकित्सक के गाल की हड्डियों में वापस प्रवाहित होने लगा था।

"अगर आप अब मुझे पता देंगे," उन्होंने कहा, "जो मैं रात का खाना आगे भेज सकता हूं, मैं आपको एक सड़क कार पर रखूंगा।"

"ओह, बिल्कुल सही सादगी का पता है," लड़की ने स्वीकार किया। "लेकिन मुझे परवाह नहीं है कि आप मुझे एक सड़क कार पर रखें, धन्यवाद!"

"क्यों, निश्चित रूप से मैं आपको एक सड़क कार पर रखूंगा!" युवा डॉक्टर ने जोर दिया। वह वास्तव में इसके बारे में काफी तेज

था। "लगभग हर चीज़ यहाँ से जाती है - यदि आप केवल लंबे समय तक प्रतीक्षा करते हैं," वह थोड़ा असहज हो गया, क्योंकि उसने बॉक्स और सूटकेस दोनों को सबसे अधिक ठग लिया।

चुपचाप उसके लिए क्या लग रहा था कि एक अंतरिम समय वे बर्फ़ीले, हवा में बहने वाले कर्बस्टोन पर खड़े होकर हरे, लाल, पीले, रोशनी में घूर रहे थे।

"सुंदर, यह नहीं है!" आख़िरी में लड़की पर टिप्पणी की।

"" बहुत सुंदर? " "क्यों, हाँ, ज़ाहिर है, ऐसा लगता है। लेकिन कौन सी कार?" वह अधीर हँसा। "स्वर्ग के लिए, क्या तुम नहीं जानते कि तुम कहाँ जाना चाहते हो?"

"बेशक मैं जानता हूँ कि मैं कहाँ जाना चाहता हूँ!" लड़की भड़क गई। अपनी आस्तीन पर थोड़े हल्के स्पर्श के साथ उसने एक साइड स्ट्रीट पर एक और इलेक्ट्रिक लाइट पोस्ट की ओर इशारा किया। "क्या आप वहां मौजूद हैं!" उसने कहा। "अंत से थोड़ा सुखद पांचवा घर! यही वह जगह है जहाँ मैं बोर्डिंग में हूँ!"

"अच्छा, तुमने ऐसा क्यों नहीं कहा!" युवा चिकित्सक को निकाल दिया। बहुत ही शिद्दत के साथ एक बार फिर उसने अपना सूटकेस और अपना हैट बॉक्स छीन लिया।

उसके ठीक पुष्ट कंधों के सिकुड़ जाने से लड़की अपनी हँसती आँखों में ज़ोर से हँस पड़ी।

"जब एक आदमी ऐसी सकारात्मकता का होता है, जैसा कि आप हैं," उसने निष्ठा से स्वीकार किया, "यह उसकी राष्ट्रीय विशेषताओं को कम करने का सौभाग्य है। कभी एक पल के लिए क्या आप मुझसे पूछते हैं, 'क्या आपने अपना भोजन खत्म किया है?' या, 'क्या आप कार पर रखना चाहते हैं?' लेकिन हमेशा अपनी पहली इच्छा पर आप जल्दी से बाहर निकलते हैं और रोते हुए कहते हैं, 'मैंने तुम्हें कार में बिठाया! मैंने तुम्हें कार में बिठाया!' जिस घर में उसने इशारा किया था।

यह युवा चिकित्सक था, जो इसके बाद पहले आया था।

सड़क निश्चित रूप से एक विचित्र, पुराने जमाने की थी, और बोर्डिंग हाउस को किसी भी तरह से जुर्माना की कमी नहीं थी, हालांकि गरिमा की तरह।

लेकिन लड़की ने जो डोर बेल बजाई और बजाई उसका कोई जवाब नहीं था। एक पल के लिए उसके पर्स में उत्सुकता से लड़ते हुए, उसने अपने हाथों को तिरस्कार के एक छोटे से इशारे के साथ बाहर फेंक दिया।

"यह है कि मुझे भी अपनी चाबी को गुमराह करना होगा," उसने कहा। तब धूप की एक चमक की तरह उसकी मुस्कान उसके मन से हर संभव छाया को ड्राइव करने के लिए लग रही थी। "ओह, ठीक है," वह रोया। "यह केवल एक दुर्लभ सात बजे के बाद है। कुछ मिनटों में एक निश्चित रूप से नहीं आएगा। और इस बीच," यह भी कहा। "इतनी बढ़िया रात! मैं बस यहाँ बहुत खुश होकर बैठूंगा और हवा लूंगा!"

"हवा लो?" युवा चिकित्सक को हांफ दिया। काफी अनजाने में जैसे ही वह बोला वह ऊपर पहुंच गया और अपने फर कॉलर को उसकी गर्दन के करीब थोड़ा सा खींच दिया।

लेकिन पहले से ही लड़की लापरवाही से शीर्ष कदम पर गिर गई थी और अपने ही गहरे लाल रंग के लाल कोट का गला खोल दिया, जो हवा के लिए काफी प्यास थी।

"शुभ रात्रि!" उसने कहा तेज।

"अलविदा!" युवा डॉक्टर ने कहा। इससे पहले कि वह भी निचले कदम पर पहुँच जाता, वह खुद को बधाई दे रहा था कि अब यह घटना सुरक्षित रूप से समाप्त हो गई, - "आराम से समाप्त हो गया," उसका मतलब था, अजीब के बजाय, क्योंकि यह इतनी आसानी से हो सकता था। "विदेशी अक्सर बहुत तर्कहीन थे," उन्होंने माना। जैसा कि उन्होंने माना था, वह

एक पेपर बैग की अचानक अचूक जंग की जांच करने के लिए खुद के बावजूद बदल गया। उनके संदेह की स्पष्ट पुष्टि हुई।

"ले देख!" लड़की को विजयी रूप से तैयार किया। "मूर्ख महिला का छोटा गुलाबी केक!" ख़ुशी के एक अनमने चकले के साथ उसके सफ़ेद दाँत खजाने से मिले।

एक सेकंड के फ्लैश में, एक चुटकुले की पूरी तरह से मूर्खतापूर्ण आवेग, युवा चिकित्सक ने उस पर चेतावनी उंगली उठा दी।

"आप निश्चित रूप से महसूस करते हैं कि आप खा रहे हैं - एक गलत धारणा?" उसने उसे वास्तव में भयानक गंभीरता के साथ बुलाया।

"एक गलतफहमी?" लड़की कूद गई। तब बहुत दर्द हो रहा था और वहाँ वह अपने हाथ में केक के बचे हुए टुकड़े को तलाशने लगी थी, जो उसकी ठंडक पर टिकी हुई थी, उसकी ठंढक के नीचे। फिर अचानक राहत के एक छोटे से हांफने के साथ उसने मीठे निवाला को अपने मुंह में दबा लिया और अपने होंठों को उस पर दबा दिया "ओह, नहीं," वह मुस्कुराई। "यह मेरे लिए पूरी तरह से स्वाद है!"

जैसे कोई शब्द जो कविता को चुने हुए तुकबंदी को ध्यान में रखते हुए एक कविता को निराश कर देता है, युवा डॉक्टर ने अचानक पाया कि वह खुद को बुरी तरह हँसी के एक बड़े जंगली घेरे के करीब टक्कर दे रहा था, जो जाहिर है कि उसके लिए स्थिति से भी झूठ बोल रहा था। सबसे पहले। इस तरह के अनिच्छुक आपदा से जितना संभव हो उतने लंबे समय तक खुद को बचाने के लिए वास्तव में बेताब प्रयास में उन्होंने खुद को अपने सख्त पेशेवर तरीके से फिर से शुरू करने के लिए पूरी ईमानदारी से काम किया।

"अच्छा, इस 'लिसा' और 'जोनाथन' के व्यवसाय के बारे में क्या?" उन्होंने अचूक फटकार के साथ सवाल किया।

"ओह, शक्स!" लड़की को हिलाया। "यह थका देने वाली लिसा और जोनाथन, उनके पूरे माता-पिता बेकर हैं! लेकिन मेरे लिए," उसने अपनी

आवाज कम की, और एक नरम, आकर्षक इशारा करते हुए अपने हाथों को जोर से दबा दिया। "लेकिन मेरे लिए, रात तक, पूरे चार सप्ताह तक मैं अपने भोजन में ऐसे नमक को रोता हूँ, जो मैं नहीं खा सकता! उसने अपनी साँसों की एक छोटी सी पकड़ के साथ सिर हिलाया। "सभी दुनिया में कोई भी एक मोटी महिला और एक पतली महिला और लिसा और जोनाथन और पीटर को छोड़कर किसी के साथ बात नहीं करता है, और" - आत्मविश्वास के एक अतिरिक्त आवेग में निश्चित रूप से गर्व की एक निश्चित भड़क के साथ स्पष्ट रूप से सामने नहीं आया। कदम। "मैं मोंटेसरी हूँ!" उसने कहा।

"क्या न?" युवा डॉक्टर को फँसाया। "क्यों, क्या बकवास है!" उन्होंने कहा। "क्यों, आप किस बारे में बात कर रहे हैं? 'मोंटेसरी' एक प्रणाली है! और वह एक इतालवी है, भी, मेरा मतलब है।"

"हाँ, वास्तव में ऐसा है," लड़की को स्वीकार किया। "और समय में अगर होमशे को आत्मसात किया जा सकता है, तो मैं सिस्टम को सीखूंगा - और अभी तक एक प्रेमिका बनी हुई हूं।"

"ओह, आपका मतलब है कि आप एक मोंटेसरी छात्र हैं?" युवा डॉक्टर को रोशन किया।

"यहां तक कि," लड़की ने कहा। "मैं सब कुछ सीखने के लिए इंतजार नहीं कर सकता। यहाँ से, मैंने छोटी लीजा, छोटी सी पीर, और अन्य सभी का विधिवत अध्ययन किया है, जिनके मन में सबसे ज्यादा खुशी एक परिपूर्ण चमक की होती है, मुझे इसके बाद दुखी स्कूलों में जाना चाहिए, और उसके लिए आपके सामूहिक आवास में सबसे अद्भुत जगह है, जहां सभी का पहला मस्तिष्क काम छोटे बच्चों पर किया गया था। यह है कि नॉर्वे में, "उसने जीता," मेरा एक छोटा भाई है। हमारे पिता बहुत पैसा बनाते हैं, "उसने स्पष्ट अप्रासंगिकता के साथ जोड़ा। "और बहुत खर्च करता है और बहुत कुछ देता है। और एक बार उसने उससे एक नई पत्नी से शादी की, और कई नए बच्चे हैं। और उनमें से एक, यह छोटा भाई, इतना सोना, इतना नीला, इतना गुलाबी, दिन भर वह बैठता है और - नहीं, "वह पूरी तरह से बस समाप्त हो गया।

"क्यों-क्यों, यह बहुत बुरा है," युवा डॉक्टर ने कहा।

"हाँ, बहुत बुरा हुआ," लड़की ने पूछा। "लेकिन इन विचारों में से कुछ यहाँ एक महान चतुरता के हैं। मैं निश्चित रूप से अभी तक इसे प्राप्त नहीं करता," उसने स्वीकार किया। "लेकिन इसमें से कुछ एक खेल की तरह काफी स्पोर्टिंग है। इन खिलौनों के साथ, अब," उसने इशारा किया, "और उद्योगों और जीवित बिल्ली, और कुत्ते, और घास और फूलों जैसी सभी खुश चीजें, आप छोटे बच्चे को छोड़ देते हैं। काफी ढीला, ऐसा लगता है, केवल उसे देख रहा है, उसे बहुत करीब से देख रहा है, एक दिन, दो दिन, एक सौ अगर यह सबसे अच्छा लगता है और जहां भी वह अंतिमता में होगा - अंतिम रूप से - ', यह है कि आप कहते हैं?' मीठे फूल, या लकड़ी के ब्लॉक, या समलैंगिक, बिल्ली को चिकना करते हैं, यह है कि उसके उद्धार का एक बड़ा मौका सबसे निश्चित रूप से मिलेगा। लेकिन इंजन, या ब्लॉक या चिकनी बिल्ली उस पर मजबूर नहीं होना चाहिए, यह तो आप समझ रहे हैं, ऐसे में उनके विकास के लिए कोई संदेश नहीं दिया जाएगा। लेकिन हर चीज में से, यह है कि वह खुद इसके लिए जरूरी है!"

उसके चेहरे की तनावपूर्ण मीठी निष्ठा, उसके सामयिक हावभाव की उत्सुकता, बेहोशी की महक, उसके विषय की दूर की भावना, सर्दियों की रात की चुभन, सभी पर बिजली की रोशनी की चमक, यह युवा डॉक्टर पर छा गया थोड़ा चौंकाने वाली बात यह है कि वह एक विशेष रूप से सुंदर महिला की आंखों में गिर रहा था, और कुछ अनुचित कारणों से उसके गाल अचानक आग की तरह जलने लगे। यह ऐसा था जैसे कि उसका सारा जीवन एक कर्तव्यनिष्ठ कारण से या किसी और ने खुद को लंबे समय तक मना किया हो "जब वह लाल था, तो शराब", उसने खुद को अब पाया, सबसे अपमानजनक, बर्फ के साथ खुद उसके सिर पर जा रहा था। और सिर्फ इसलिए कि वह अपने सिर पर कुछ भी करने के लिए पूरी तरह से बेहिसाब था, यह वास्तव में काफी अपच में चला गया, उस एक पल के लिए उसके पूरे चेहरे की अभिव्यक्ति बदल गई। और तत्काल उनकी चेहरे की अभिव्यक्ति बदल गई थी बेशक वह एक अलग आदमी की तरह दिखते थे। और तत्काल वह एक अलग आदमी की तरह लग रहा था बेशक वह एक अलग आदमी की तरह काम करना शुरू कर दिया।

"और तुम्हारा यह अद्भुत सिद्धांत केवल गरीब छोटे बच्चों पर लागू होता है?" उसने थोड़ा संकुचित आँखों से पूछा। "या मैं अनुमान करने के लिए हूँ?" वे हंसे। "या मुझे इस बात का अनुमान है कि पूरे साल भर के बाद शहर, पूरे साल बंजर उदासीनता, आज शाम आपके लिए मेरा अद्भुत उत्साह सकारात्मक मोंटेसरी प्रमाण है कि आपके और आपके जीवन के सर्वश्रेष्ठ मोक्ष के लिए?

तो यह कर की थोड़ी सी भी मंशा, यहां तक कि खुद के लिए थोड़ी सी भी चेतावनी है कि वह यह करने के लिए जा रहा था के बिना बिना, वह अचानक नीचे और उसके होठों पर उसे चूमा।

निराशा के एक छोटे से हांफने के साथ लड़की अपने पैरों पर ठोकर खाई। उसके बारे में अब कुछ भी गोरा नहीं था। उसके ऊपर कदम पर टोइंग वह एक युवा तूफान की तरह था - सभी लौ और छाया!

"ओह, मैंने ऐसा क्या किया है कि आपको इस प्रकार कार्य करना चाहिए?" उसने मांग की। आँसू के साथ उसके चेहरे को नीचे गिराते हुए उसने उसे उग्र आरोपों के साथ लताड़ा। "आप इन शैतानों में से एक हैं!" वह रोई। "आप एक जंगली व्यक्ति हैं? क्या यह मेरी गलती थी?" उसने मांग की, "कि मेरे बंडल कार से फट गए? क्या यह मेरी गलती थी," उसने मांग की, "कि रेस्तरां अपने भोजन से मूर्ख महिलाओं को नहीं रोक सकते हैं? क्या यह मेरी गलती थी कि मैंने आपके बेवकूफ समर्थक के लिए भुगतान किया?"

न तो खुद का बचाव करना और न ही उड़ान में राहत की मांग करना, लेकिन एक चेहरे के साथ पूरी तरह से अगर वास्तव में उससे ज्यादा चौंकना नहीं है, तो युवा डॉक्टर उसके चरणों में गिर गया, और उसके हाथों में अपना सिर रख कर खुद को सहलाया और ठहाके लगाए।

"नहीं, यह आपकी गलती नहीं है!" उसने उसे आश्वासन दिया और उसे आश्वस्त किया। "और न ही यह वास्तव में मेरी गलती है!" उसने जोर दिया। "लेकिन उस शापित पियानो का दोष!"

"उस गलती का क्या हुआ?" लड़की को थोड़ा सख्ती से उद्धृत किया।

लेकिन जो चेहरा उसके पास उठा, वह स्पष्ट रूप से एक भटके हुए व्यक्ति का चेहरा था। पश्चाताप के लिए जोड़ा गया केवल एक मिर्च किसी भी मानव प्रतिरूप को बदल सकता है।

"एक आदमी के सम्मान में मौत के लिए ठंड!" उसने भाग लिया। "दुनिया में किसी भी चीज से जुड़े होने का कोई दोष नहीं है - एक भव्य पियानो को छोड़कर।"

"इसका क्या मतलब है?" लड़की को हैरान कर दिया। "मैं शैतानों की तुलना में आपसे अधिक उग्र हूँ। लेकिन मुझे सब कुछ सुनना चाहिए।"

"मेरा मतलब है," गरीब युवा डॉक्टर को छींकता है, "कि मैं एक भव्य पियानो के लिए एक दयालु घर की तलाश कर रहा हूं!" यहां तक कि खुद उनके शब्दों को दूर से और पूरी तरह से एक अजनबी के शब्द लग रहा था। यह वास्तव में ऐसा था जैसे कि वह एक गर्जना वाले अग्र भाग में काफी अविचलित था, जो शाम के प्रदर्शन से पहले ही आधा हो चुका था। एक भयावह भावना की भावना वास्तव में पूरे पागल स्थिति के साथ किसी भी संभव "गेट-दूर" बनाने का उसका एक मौका लग रहा था। लेकिन यहां तक कि एक चिड़चिड़ा दर्शक भी एक पल के लिए गंभीर संकट और चिंता के पीछे नहीं जा सकता था।

"यह इस तरह से है," वह फिर से शुरू हुआ। "एक पूरी तरह से भयानक महिला ने मुझे अपने कार्यालय से रात में बाहर निकाल दिया - एक भव्य पियानो के साथ!" हालांकि, लड़की के चेहरे पर यह स्टोनी एक्सप्रेशन नहीं था, लेकिन यह सिर्फ उस क्यू के लिए प्रतीत हो रहा था जिसकी उसे तलाश थी। अपने जीवन के सबसे बुद्धिमान आवेग में उन्होंने अचानक निर्णय लिया कि वह अपनी समझदारी पर दया करने की बजाय खुद पर दया करें। "वास्तव में यह इस तरह से है!" वह कूद गया और उसे विश्वास करने के लिए उसे आरोपित किया। "मैं लगभग इस बड़े शहर में जितना नया हूं, उतना ही आपके साथ भी है। शायद मैं पीड़ित हूं जिसे आप बेघर कहते हैं। एक अजीब जगह में एक अच्छी शुरुआत करना बहुत मुश्किल है। दान के बहुत सारे मौके और वह सब। लेकिन बहुत कम पैसा। मेरे

पास एक बार असली रोगी था, हालांकि! " वह विडंबना से भरा हुआ था। "एक बहुत अमीर महिला, भयानक रूप से अच्छी और वह सब। लेकिन मैं उससे नफरत करता हूं। वह हर मौका देता है कि वह मुझे पीड़ा दे। वह एक प्रकार का सिद्धांत है, मुझे लगता है, कि तड़पना तंत्रिका तंत्र के लिए बहुत उत्तेजक है। यह निश्चित रूप से है। हम युवा बिल्लियों और कुत्तों की तरह लड़ते हैं! और फिर भी जैसा कि मैं कहता हूं कि वह बहुत अच्छी है और जब वह चली गई तो उसने न केवल मुझे बल्कि मेरी संक्षिप्त सेवाओं के लिए उदारता से भुगतान किया। इसने लगभग एक साल के कर्ज को रद्द कर दिया। लेकिन वह बुरी तरह से पागल थी। मैं उसके साथ नहीं जाऊंगा, -एक तरह की प्रशिक्षित, प्रसिद्धि वाला परिचारक, जिसे आप जानते हैं। लेकिन मैंने उससे कहा कि मैं अपना कार्यालय नहीं छोड़ सकता। इसलिए उसने मुझे एक शानदार पियानो भेजा, " वह गुस्से में आग बबूला हो गया।

उसके ठीक नीचे की ओर कदम बढ़ाती हुई लड़की नीचे की ओर मुड़ी और अपने चेहरे पर हाथ फेरते हुए अपने चेहरे पर एक नाजुक तीव्रता के साथ खड़ी हो गई।

"यहाँ मैं हूँ," उसने हांफते हुए कहा, "जो एक 'ग्रैंड पियानो' के लिए पीड़ित और सुस्त है जैसा कि आप इसे कहते हैं, और आप?" हालांकि असली दर्द में वह अपने पतले हाथों को एक साथ मिलाने लगी। "और आप? एक महिला आपको एक भव्य पियानो देती है और आप उसे एक मनहूस के रूप में शाप देते हैं!"

"हाँ, मुझे पता है," युवा डॉक्टर को पदावनत किया। "लेकिन आप देखते हैं कि पियानो और मेरे लिए मेरे कार्यालय में कोई जगह नहीं है! मेरा कार्यालय बहुत छोटा है, आप देखते हैं। और पियानो कमरे के पूरे केंद्र को भरता है? क्यों, यह बेतुका है!" उसने जल्दी की। "यह सड़ा हुआ है! जो मरीज नहीं जानते कि वे एक संगीत सबक के लिए आए हैं या उधार लिए गए हैं! और इसके अलावा," उन्होंने अपनी सबसे अधिक शिकायत के रूप में जोड़ा, "मुझे दूसरे से एक नोट नहीं पता है!" महिला को पता था कि मैंने कुछ भी नहीं किया है और इससे भी ज्यादा बुरा यह है कि सबसे अभद्र लिटिल अलमारी ꬐ या चीज के मोर्चे पर कुछ है! "

"निश्चित रूप से, कुछ किया जा सकता है," लड़की को उसकी नीली आँखों में एक अस्पष्ट तरह की दूरदर्शिता के साथ सुझाव दिया।

"हाँ, बस यही है!" युवा डॉक्टर ने कहा, निस्तब्धता। "मैंने पहले ही कर लिया है!"

उसके सामने उसके सिर को झुकाए जाने से पहले वह सिर्फ एक वाक्य के इंतजार में खड़ा था।

"एक व्यक्तिगत रूप से," लड़की ने अपने ही गाल के साथ उज्ज्वल लाल स्पॉटिंग कहा। "व्यक्तिगत रूप से - मैं कनेक्शन नहीं देखता हूं।"

"क्यों कनेक्शन पूरी तरह से स्पष्ट है!" युवा डॉक्टर ने जोर दिया। "उसने मुझे अपने कार्यालय से बाहर निकालने के उद्देश्य से पियानो भेजा था! वह मुझे अपने कार्यालय से बाहर निकालना चाहती थी! उसने इस बात की पुष्टि करने की भी हिम्मत की कि मुझे अपने कार्यालय से बाहर जाने की आवश्यकता है! उसने मुझे पागल बनाने की कोशिश की। वह मुझे पागल बनाना चाहती थी! उसके पास सुझाव देने के लिए गाल था, मेरा मतलब है कि वास्तव में कभी भी कुछ भी दिलचस्प नहीं होगा जब तक कि मैं एक बार अच्छा और पागल नहीं हो जाता! " हालांकि अस्थायी रूप से अपने तीखेपन से थक कर वह कदमों की रेलिंग के खिलाफ एक पल के लिए पीछे हट गया। उसका चेहरा थोड़ा सफेद लग रहा था और उसके दांत लगभग चट कर रहे थे। "ठीक है, मैं निश्चित रूप से आज दोपहर को अच्छा और पागल हो गया," उसने माफी के एक प्रकार के साथ पुष्टि की। "और क्योंकि मैं बहुत खिल रहा था पागल मैं एक जबरदस्त सैर के लिए धराशायी हो गया। और क्योंकि मैंने इतनी जबरदस्त सैर की, मैंने चालीस बाघों की तरह एक भूख विकसित की। और क्योंकि मैंने चालीस बाघों की तरह एक भूख विकसित की है, जो मैं पहले रेस्तरां के लिए दौड़ा। और क्योंकि मैं पहले रेस्तरां के लिए दौड़ा, मैं पा सकता था कि मैं आपको सटीक क्षण में देखने के लिए हुआ था जब -

"ओह, रुक, रुक, रुक!" अपने हाथों से लड़की को हँसाया, उसके कानों पर अचानक ताली बजाई। "यह सब बहुत ज्यादा है - जैसे 'घर जो जैक-मैन बनाया गया था!"

"ठीक है, कम से कम," युवा डॉक्टर को मुस्कुराया, "ऐसा लगता है कि 'साहसिक कि भव्य पियानो ने धमकी दी।"

"द एडवेंचर?" लड़की को हैरान कर दिया।

"क्यों, हाँ," युवा डॉक्टर ने जोर दिया। "यह वही है, जो आपको बताएंगे कि टॉमी गैलियन ने भविष्यवाणी की, कि पियानो मुझे एक रोमांच लाएगा! इसलिए, आप बहुत स्पष्ट रूप से, हैं-"

"मैं क्या?" लड़की को हकलाया। असली खुशी की एक लपट उसके चेहरे पर अचानक चमक उठी और फिर से आते ही फिर से फीकी पड़ गई। "ओह तेरी!" उसने कुछ हुतूर के साथ कहा, "आप - आप-"

"ओह, सच में!" युवा डॉक्टर से भीख मांगी। "मैंने जो किया उसके लिए मुझे सबसे अधिक खेद है! मैं सोच नहीं सकता कि मेरे पास क्या है! मैं इस पल के लिए काफी पागल हो गया हूँ! क्यों, वास्तव में," वह भड़क गया, "मुझे नहीं पता कि क्या आप विश्वास करेंगे! मुझे या नहीं और हो सकता है यह वैसे भी कुछ में अपनी प्रशंसा करने के लिए की तुलना में के बारे में, के और अधिक शर्म आनी करने के लिए - लेकिन वास्तव में अब, "उन्होंने असफल रहे," मैं एक लड़की से पहले के बाद से के बाद से मैं बहुत छोटा था चूमा नहीं किया है "! किन्नर के अचानक तेज झटके से उसने अपनी जेब से एक कार्ड छीन लिया और उसे उसे सौंप दिया। "वहाँ! मेरा पता है!" वह रोया। "और दुःख की बात यह है कि अगर आप मुझे केवल शब्द भेजेंगे तो मैं पुल से कूद जाऊंगा या खुद को एक ट्रक के नीचे फेंक दूंगा, या जो कुछ भी आपके साथ घटित होगा वह किसी भी प्रकार का हो सकता है।" मुस्कुराया, "मुझे बस गर्म होना है!" और नीचे कदम शुरू कर दिया।

लेकिन इससे पहले कि वह काफी फुटपाथ पर पहुंचता, लड़की उससे आगे निकल गई और अपने कोट की आस्तीन पर हाथ रख लिया।

"उसकी क्या उम्र है?" लड़की से पूछताछ की।

"कौन?" युवा डॉक्टर ने कहा। "ओह, औरत? वह तुम्हारी माँ होने के लिए काफी पुरानी है।"

"मैं इक्कीस हूँ," लड़की ने स्वीकार किया।
"ठीक है, वह पचास वर्ष की है," युवा डॉक्टर ने पुष्टि की।

लड़की के पारभासी चेहरे पर एक दर्जन से अधिक परस्पर विरोधी भावनाएँ अचानक उभर आईं। "तोह फिर?" वह हंसी। "तोह फिर?" उसने प्रायोगिक रूप से दोहराया, "यदि केवल आप इतने बुरे नहीं होते, तो" उसने कहा। "ठीक है, उस पियानो के बारे में," वह एक निश्चित अनियंत्रित शर्मीलेपन के साथ। "इतने सारे रैकेट की दुनिया में यह अफ़सोस की बात नहीं है कि किसी भी सामंजस्य को गूंगा होना चाहिए? क्या यह अच्छा पियानो है?" उसने अचानक पूछा।

"क्यों, स्वर्ग के लिए, मुझे कैसे पता चलेगा?" युवा डॉक्टर की मांग की। "यह हो सकता है - एक सामान्य व्यक्ति!" वह बेतहाशा भाग गया। "लेकिन यह मुझे शैतान जैसा दिखता है!"

"अगर मैं इसे देख सकता था," लड़की फुसफुसाए, "मैं एक मिनट में बता सकता था।"

"अगर आप इसे केवल देख सकते हैं?" युवा डॉक्टर को झांसा दिया। फिर, "अच्छी तरह से - क्यों नहीं?" उन्होंने स्पष्ट रूप से एक त्रिभुज को स्वीकार किया, लेकिन निर्विवाद रूप से सामान्य ज्ञान के साथ।

"मेरी यहाँ एक आंटी है," लड़की को पुकारता है, "जिसकी कोहनी में गठिया है, मुझे लगता है कि यह अगले शुक्रवार को है - यदि गठिया शायद पर्याप्त रूप से खराब होना चाहिए?" एक संगीतकार की प्रत्याशित ललक के साथ वह अपनी आँखें उठाकर उसके पास पहुँची।

"क्यों, पूंजी!" युवा चिकित्सक को प्राप्त किया। पूरे सुझाव के लिए उसे असाधारण रूप से उपयुक्त होने के नाते मारा। "अच्छा, अच्छा-तब तक," वह हँसा, "शुक्रवार दोपहर तक!" और रात में गायब हो गया।

वह अभी भी घर से एक लंबी, ठंड दूरी थी। लेकिन जब तक वह वहाँ पहुँचता, तब तक उसकी दालें ठंढ के बजाय आग से बज रही थीं। और जैसे ही उसने अपने चूल्हे में एक तेज गर्जना शुरू की, और खुद के लिए एक सुस्वाद और उकसाने वाला पेय पी लिया, और अपने ठंढे पंजों को कुछ पतंगे खाने वाली पुरानी फर चप्पल के सबसे दूर के कोनों में चला दिया, वह सही में बैठ गया को बताने के लिए डायबलेरी की महान भावना। ठुमके लगाओ तो बस उसने क्या सोचा।

"मुझे आशा है कि आप संतुष्ट हैं!" उन्होंने एक फर्म और जोरदार काले हाथ से लिखना शुरू कर दिया। "अपने सबसे आकर्षक उपहार के द्वारा सर्दियों की सड़कों पर निकल जाना, मेरे पास चार मील की दूरी पर ग्यारह मील की दूरी पर है, एक बिल्कुल अजीब लड़की के साथ एक विशिष्ट रेस्तरां में दबाया गया और उसके खर्च पर, सार्वजनिक रूप से सभी समय के लिए ब्रांडेड किया गया, पहली बार लड़की की बहू के रूप में; और बाद में उसके पति और कुछ काल्पनिक बच्चों के पिता के रूप में, और कारण समय में भी है, अभी भी मूल चार घंटे में शामिल, आप समझते हैं, ने कहा कि महिला 'अच्छे रात' उस पर खुद दरवाजे एक शहर से भरा चमक में चूमा बिजली की रोशनी, और अब उक्त सोमवार की शाम दस-तीस बजे तक मेरे कमरे में धैर्यपूर्वक प्रतीक्षा कर रही है, अगले दिन दोपहर तक, जब गठिया के साथ किसी रिश्तेदार के द्वारा भारी अराजकता, उक्त साहसिक पियानो की जांच करने के लिए प्रकट होगा - और खुद।

"एक बार फिर, मेरे शुरुआती वाक्य की भाषा में, और सभी उचित सम्मानों के साथ, मैं दोहराता हूं, 'मुझे आशा है कि आप संतुष्ट हैं'!"

तब दोनों ने काफी फैंसिंग की और वास्तव में वह समय को मारने और मरीजों को ठीक करने के लिए बस गए।

लेकिन ऐसा लगता है कि हस्तक्षेप के दिन पूरी तरह से संवेदनाओं से भरे हुए नहीं थे।

बुधवार की रात को वह से सुना। ठुमके लगाना। और तार द्वारा।

"बंगलर!" वायर्ड । ठुमके लगाना। "आपने क्या किया है? आपके लिए इच्छित साहसिक कार्य शनिवार, कार्यालय, चार बजे तक नहीं होगा।"

संदेश इस समय लिखित रूप में दिया जा रहा था, एक भड़कीला पीला पृष्ठ, और, अभी भी इसे एक ट्रिटर कोने से कसकर बंद कर दिया, युवा डॉक्टर पहली कुर्सी तक पहुंच गया जिसमें वह पहुंच सकता था, और उसकी ठोड़ी के साथ एक बूढ़े आदमी की तरह कम हो गया उसके स्तन में उसकी चमकती आग में एक अंतरिम समय के लिए घूरते रहे।

तब अचानक रात नौ बजे, अजीब नई मुस्कुराहट के साथ, जो उन्हें लगता है कि हाल ही में कहीं हासिल हुआ था, वह अपने टेलीफोन पर चला गया, निर्देशिका के साथ एक मिनट तक ठोकर खाई, केंद्रीय तापमान के साथ कम से कम दो मिनट का प्रयोग किया, मिस मिसेली जेजेलैंड स्थित , और उसे अपने सबसे औपचारिक तरीके से संबोधित किया।

"मिसेस सेल्फी केजेलैंड?" उसने सवाल किया।

"तो," तार के दूसरे छोर पर परिचित आवाज ने कहा।

"यह डॉक्टर केंड्रे है," वह बड़ा हुआ। "डॉ। सैम।
"तोह फिर?" आवाज को बिना किसी लाग-लपेट के सुनाया।

"ऐसा लगता है, मिस केजेलैंड," वह हकलाया, "कि किसी तरह का एक है - अच्छी तरह से, शुक्रवार दोपहर के बारे में गलतफहमी है। यह सब एक गलती है, ऐसा लगता है, आपके साहसिक होने के बारे में! बस उस प्रभाव के लिए टेलीग्राफ किया गया है। 'असली रोमांच,' ऐसा प्रतीत होता है, मेरे कार्यालय में शनिवार शाम चार बजे तक नहीं है! "

"तोह फिर?" मिस कैली कैजलैंड। अगर उसे लग रहा था कि एक या दो बार तेज आवाज निगल रही है तो निश्चित रूप से टेलिफोन इंस्टूमेंट के थोड़े से फड़फड़ाने से आवाज तेज नहीं होगी। "तोह फिर?" उसने बार-बार आँख मूँद ली। "ठीक है, यह सब ठीक है। पियानो रखता है! और शनिवार की दोपहर मेरे लिए शुक्रवार की तरह ही अच्छा है! और मैं सभी

के लिए खुशी से उत्सुक हूं जितना कि आप देख सकते हैं कि यह क्या है, यह साहसिक कार्य जो मुझसे ज्यादा अच्छा है ! शुभ रात्रि!"

"शुभ रात्रि!" युवा चिकित्सक को भर्ती कराया।

द्वितीय
युवा डॉक्टर ने शनिवार के लिए खुद को एक नया नीला सर्ज सूट खरीदा था, जो भी इस बात का संकेत नहीं था कि वह उस दिन के लिए किसी भी सुखद प्रत्याशा के लिए तत्पर था। बहुत से लोग "गुड़िया-अप" आपदा के लिए जो खुशी के लिए अपने बालों को ब्रश करने के लिए भी काम पर नहीं रखा जा सकता है।

काफी स्पष्ट रूप से अगर किसी ने उससे इसके बारे में पूछा था, तो युवा डॉक्टर ने मूल्यांकन किया होगा। एक आपदा के रूप में गैलन।

अगर ऐसी रेटिंग के औचित्य के लिए आगे दबाया जाता है तो उन्होंने तर्क दिया है कि कोई भी अमीर महिला जो सो नहीं सकती थी एक आपदा थी!

"ओह, यह गरीब लोगों के लिए पर्याप्त रूप से पर्याप्त है," उसने कबूल किया होगा, "लंबी रात में देखने के लिए अजीब चीजें हैं जो वे करना पसंद करेंगे। लेकिन जब कोई व्यक्ति वास्तव में छलांग लगाने में सक्षम होता है। सुबह की पहली समलैंगिक दरार और उसकी रात के सबसे अजीब फैंसी वित्त!

"ओह, ज़ाहिर है," वह स्वीकार करने के लिए पर्याप्त ईमानदार था। "गरीब । फिर कभी नहीं होगा जबकि जीवन दिन या रात के किसी भी समय में 'लीप अप' करने में सक्षम हो! और उसने अपने पचास सनकी वर्षों में निस्संदेह लोगों के किसी भी अंत में असाधारण रूप से दिया था जो खुद को कंजूस साबित कर दिया था! रिसीवर्स की तरह! और उसके मनोभाव में भी उसकी खुशी का एहसास, सबसे ख़ुशी की बात युवाओं को अनिवार्य रूप से कास्टिक से हुई होगी!

"लेकिन कोई भी महिला एक बिंदु पर इतनी बीमार, इतनी संवेदनशील, इतनी सतर्क, इतनी अमीर कैसे हो सकती है, कि वह अभी भी खुद को

अपनी आजीवन जुनून से दूर करने में असमर्थ है, ताकि वह लोगों को केवल उन चीजों को देने के लिए पूरी तरह से मधुमेह के विचार को विकसित कर सके जो उन्होंने नहीं किया ' टी चाहते हैं - केवल चीजें, वास्तव में, कि वह बिल्कुल सकारात्मक था वे नहीं चाहते थे? जैसे कि ! भव्य ! जटिल तंत्र और अलंकृत सजावट और स्वर्ग का विशाल शीशम का हिस्सा जानता है कि क्या खर्च - नीचे की भीड़ भीड़ कार्यालय में कुछ गरीब संघर्ष करने वाले युवा डॉक्टर जो एक ज्ञानी से एक नोट नहीं जानते थे!

"लगा कि यह मज़ेदार था, क्या उसने सोचा? यह वास्तव में उसे सरासर क्रोध के लिए सड़क पर किसी तरह के साहसिक कार्य में ले जाएगा। वह उसका सिद्धांत था; यह अच्छी तरह से मज़ेदार था और इसने उसे पूरा करने के लिए प्रेरित किया। विशेष रूप से रोमांचकारी तरह का साहसिक! जो मिस कैली केजेलैंड के व्यक्ति में साहसिक था, वह अब अपने कार्यालय में अपनी असंवेदनशील नियुक्ति के कारण, शनिवार दोपहर चार बजे था। जो श्रीमती टॉमी गैलियन ने शनिवार की दोपहर, उसी घंटे, उसी जगह के लिए पहले से ही व्यवस्था कर रखी थी? "

उनके मन में एक प्रभाव के लिए एक उपन्यास की आधी-भूली हुई रेखा भटक गई: "स्वर्ग उस दिन की मदद करता है जब आप अपने लिए बनाया गया साथी और आपके लिए बनाया गया ईश्वर मिलन होता है!"

"ठीक है, अगर यह वास्तव में अपने साहसिक और श्रीमती के बीच एक शो-डाउन के लिए आया था।

अप्रत्याशित रूप से उसका मुँह अचानक एक कोने में घूमने लगा। "कास्टिक ह्यूमर" की बात करें तो यह मुश्किल से ही संभव था कि युवा डॉक्टर को कास्टिक हास्य का एक छोटा सा हिस्सा था। जब एक आदमी अपने मुंह के एक तरफ अचानक मुस्कुराता है तो यह कम से कम इस बात का सबूत है कि वह मजाक देखता है। किसी को भी दोनों पक्षों पर मुस्कुराहट की उम्मीद नहीं करनी चाहिए जब तक कि वह मजाक को महसूस नहीं करता है और इसे देखता है।

निश्चित रूप से गरीब युवा डॉक्टर आसन्न कयामत की भावना को छोड़कर इस समय कुछ भी बहुत ज्यादा महसूस नहीं कर रहे थे।

लेकिन आसन्न कयामत के इस अर्थ में प्रकाश की एक किरण को टिमटिमाता है कि कम से कम वह जानता था कि उसका अपना रोमांच क्या था: वह युवा था, लिली, गोरा, खुद के रूप में लंबा क्यों, लगभग! एक अपरंपरागत, शायद? हाँ, एक अच्छा सा कमाल भी! लेकिन अच्छी तरह से पौष्टिक! और मानव? हाँ, यह सिर्फ इतना स्वादिष्ट और निर्विवाद रूप से मानव था!

लेकिन एम.आर.एस. तोमे गैलियन के साहसिक? एक महिला जैसे कुछ भी नहीं रोक सकता! यह पेरु से लामाओं की एक जोड़ी हो सकती है! या अपने भाग्य को बताने के लिए एक चिकना चुड़ैल-जिप्सी! या एक बेन्जो-उपभोग के साथ एक बेघर थोड़ा जेट-ब्लैक पिकैनी! या - या एक निमंत्रण एक लड़की स्कूल में शरीर विज्ञान पर व्याख्यान देने के लिए! लेकिन जो कुछ भी यह साबित हुआ कि वह अब शायद महसूस कर सकता है कि यह कुछ ऐसा होगा जिससे वह नफरत करता है। श्रीमती। उसके वर्तमान मनोदशा में निश्चित रूप से कभी भी उसे "ख़ुशी" से लोटने की कोशिश नहीं करेगा, जब तक कि वह "पागल" के साथ उसे सम्हालने का कोई भी संभावित मौका न देख ले!

"ठीक है, वह वैसे भी पागल नहीं होगा!" उन्होंने खुद को निर्विवाद रूप से वादा किया। "और अगर यह लामाओं था - जो शायद पूरी तरह से प्रत्याशित विभिन्न संभावनाओं से बाहर उनकी प्राथमिकता होगी - वे कम से कम, भौगोलिक चित्रों में ऊनी चित्रों से देखते हुए, तेज के खिलाफ अपनी छंटाई के किसी भी संभावित खतरे से मुक्त होंगे पियानो के किनारों। जबकि किसी भी आकार की एक समिति पर व्याख्यान की एक श्रृंखला का अनुरोध करने के लिए आते हैं-

इस प्रकार एक या किसी अन्य हल्के मानसिक व्यायाम से उन्होंने अपने मस्तिष्क को स्पष्ट रखने की कोशिश की और शनिवार के दिन अपने नाड़ी को सामान्य रखा।

लेकिन शनिवार का दिन न तो स्पष्ट था और न ही सामान्य था। बारिश, बर्फ, स्लश, हवा, ने पूरे बाहरी दुनिया को एक बर्फानी तूफान में बदल दिया था।

यह उन दिनों में से एक था जब कोई भी चीज अंदर धंसी हो सकती है, लेकिन दुनिया में यह कैसे फिर से बाहर निकलेगी? अनंत काल के इस खतरे के साथ अनिश्चितता के कारण युवा डॉक्टर ने अपनी मेज को धूल में उड़ाने और बर्फ की छाती की जांच करने के लिए काफी आवेगपूर्ण तरीके से निर्णय लिया। अपनी असीम राहत के लिए उन्होंने आइस-चेस्ट में कम से कम भोजन पाया। जो कुछ भी हुआ वह संभवतः बहुत लंबी घेराबंदी साबित नहीं हो सकता है! मक्खन का एक आधा पाउंड, रस्क का एक डिब्बा, कॉफी का एक डिब्बा, छह या सात अंडे, किसी भी तरह की समिति में विभाजित हो सकते हैं, या दो लामाओं के बीच भी? अपने फैंस की बढ़ती एक्साइटेबिलिटी पर उन्होंने खुद को कड़ी मेहनत से पढ़ने के लिए बहुत अचानक निर्धारित किया।

इस इरादे के साथ, जैसे ही उसने अपना नाश्ता समाप्त किया, उसने अपनी किताबों की अलमारी से "टेम्परोमैंडिबुलर संयुक्त के बोनी एंकिलोसिस" पर एक बहुत ही घृणित ग्रंथ को ले लिया और खुद को इसके लिए समर्पित कर दिया। "अब यहाँ कुछ गंभीर था। पूरी तरह से गंभीर। विज्ञान! विज्ञान के लिए स्वर्ग की प्रशंसा हो।"

दोपहर तक, वास्तव में, वह "टेम्पोरोमैंडिबुलर संयुक्त के बोनी एंकिलोसिस" में इतना लीन था कि वह लंच के बारे में भूल गया। और तीन बजे वह आश्चर्य की निगाह से देखने लगा कि उसके बूब्स के पंजे एक छोटे से कश में डुबकी लगा रहे थे जो कमरे के दूर से उसे बहता हुआ लग रहा था। पियानो के कोने के चारों ओर अपनी गर्दन को टेढ़ा करके उन्होंने इस विस्मय को बढ़ाते हुए उल्लेख किया कि एक छत्र के काले फेर से रिवालेट अनिवार्य रूप से फैलता है, और बस उस छतरी के काले किण्वन से परे एक और छत्र के काले विक्षोभ से टपकता था, और परे वह, अभी भी एक दूसरे!

अपने पैरों पर खुशी से उछलते हुए उसने एक समूह में एक से तीन माफी मांगी जो उसके सामने लोट गई।

"क्यों, मैं आपसे क्षमा चाहता हूँ," वह घर के पुराने बूढ़े व्यक्ति के पास जाने लगा, जो उसके पास बैठा था। "वास्तव में मैं-मुझे कोई पता नहीं था," उन्होंने छोटे झल्लाहट वाले लड़के को बहुत परेशान से समझाया। "यह सब हवा और सब कुछ के साथ-और जिस तरह से बारिश खिड़की के खिलाफ झुनझुना बजाती है," वह दूर कोने में रहने वाली क्रेप-स्वेत महिला के लिए हकलाया। इनमें से कोई भी संभवतः नहीं था। टोम गैलियन के साहसिक कार्य, लेकिन यह निश्चित रूप से पुराने ओक सेटल पर खुद के लिए पर्याप्त साहसिक था, जहां लगभग कोई भी कभी भी सुखद दिनों में नहीं बैठा था, तीन रोगियों को भीड़ से बचने के लिए - और एक बर्फानी तूफान में! "मैं अपनी किताब में इतना तल्लीन था!" उसे अचानक अहिंसा का घमंड हो गया।

"ओह, यह सब ठीक है, साहब," बूढ़े आदमी को घरघराहट। "मैं बस एक कार के लिए इंतजार कर रहा था। और यह जहां मैं बाहर खड़ा था की तुलना में यहाँ सुखाने की मशीन देखा।"

उसकी गर्दन को सहलाकर
पियानो के कोने के चारों ओर अपनी गर्दन को टेढ़ा करके, उन्होंने बढ़ते हुए आश्चर्य के साथ उल्लेख किया कि एक छत्र के काले किण्वक से जंगला

और "कहते हैं, मिस्टर, क्या तुम दांत खींचते हो?" छोटे फ्रॉक वाले लड़के से सवाल किया।

लेकिन क्रेप-स्वैथ लेडी एक असली मरीज थी। हालाँकि अच्छाई जानती है कि युवा डॉक्टर ख़ुशी से बूढ़े या छोटे लड़के को अपनी जगह पर ले जाएगा। अपने पूरे जीवन में उन्होंने विशेष रूप से "शोक" को अस्वीकार कर दिया था। यह गलत था, आध्यात्मिक रूप से, उसने सोचा। यह बुरा था, मनोवैज्ञानिक रूप से। हर कोई निश्चित रूप से जानता था कि यह

स्वाभाविक रूप से नासमझ था। लेकिन शायद कुछ भी नहीं इससे पहले कि महिला ने अब उसे नम काली बिल्ली के बारे में सोचा।

हालांकि, यह पूरी तरह से स्पष्ट था, कि महिला ने खुद को ऐसी अप्रिय आत्म-चेतना को पोषित नहीं किया।

उनके अनुरोध पर पूर्ण शालीनता के साथ, वह प्रकाश के लिए आगे आईं, या कम से कम ऐसी रोशनी के लिए जैसे कि तूफान-लटकी हुई खिड़की की अनुमति दी गई और, अभी भी किसी भी हरम महिला के रूप में देखने से काले रूप में कसम खाई गई थी, उनके मामले में कहा गया।

"मुझे इस तरह का दर्द है- यहाँ," उसने अपने काले-काले चेहरे की ओर काले-काले हाथ से इशारा किया।

क्या वह उसे दांत खींचने के लिए भी ले गया था? युवा डॉक्टर को पेश किया। सभी जल्दबाजी के साथ उन्होंने मामले को एक बार में निपटाने की मांग की। "यदि आप कृपया अपने एर - बोनट को हटा देंगे - तो क्या आप इसे कहते हैं?" उसने पूछा।

अनिवार्य रूप से अप्रिय काले-दस्ताने वाले हाथों ने खुद को पिन या गाँठ के साथ एक पल के लिए बस कर लिया, जब तक कि धीरे-धीरे उसकी नीली काली ड्रैपरों से उभरने तक युवा चिकित्सक के हांफने के लिए अंतिम रूप से उठाया गया, सबसे सुंदर, चित्रित, स्वप्न-दृष्टि वाला युवा श्यामला चेहरा जिसे उसने कभी देखा था एक सैलून कैटलॉग के बाहर देखा गया।

"यहाँ! बस यहाँ दर्द है!" सबसे बेहूदा छोटे कान के ठीक सामने वाली जगह पर काले रंग की उंगली को इंगित किया।

"टेम्पोरोमैंडिबुलर संयुक्त की बोनी एंकिलोसिस!" युवा डॉक्टर की कसम खाने की तरह। यहां तक कि वैज्ञानिक रूप से जैसे ही उन्होंने दर्द-स्पॉट को छुआ उसने संपर्क के साथ अपनी खुद की कलाई को सबसे अवैयक्तिक रूप से डगमगाते हुए महसूस किया। यह शायद कोई

आश्चर्य नहीं था कि उसके सामने की अंधेरी आंखें एक अस्पष्ट तरह के अलार्म से फैल गई थीं।

"क्या यह — क्या यह उतना ही बुरा है?" अपने मरीज को लड़खेड़ाया।

"क्यों, ऐसा बिल्कुल नहीं है!" युवा चिकित्सक को शिथिलता के अचानक फिर से शुरू होने के साथ जल्दबाजी में। "यह शायद केवल एक प्रकार का गठिया है। मुझे जो रोना आता है वह सिर्फ एक अजीब संयोग था। यह एक विशेष प्रकार का दर्द एक विषय है, जो कि - अगर मैं कह सकता हूं - तो हाल ही में विशेष रूप से ध्यान दे रहा है। "

"ओह, फिर मुझे भरोसा है कि मैं सिर्फ सही व्यक्ति के लिए आया हूं," एक दयालु सतह-मिठास के साथ अंधेरे आंखों को मुस्कुराया जो किसी भी विशेष आंतरिक उत्साह के काफी स्पष्ट रूप से नीरस लग रहा था।

"हम निश्चित रूप से उम्मीद करेंगे!" युवा चिकित्सक को निकाल दिया। "इस दर्द के बारे में कैसे?" वह काफी अचानक शुरू हुआ।

"यह मुझे दर्द होता है जब मैं खाता हूं," लड़की ने कहा। उसकी आवाज़ बहुत नीची और नरम और आकर्षित थी। "और जब मैं पीता हूँ। और जब मैं बात करता हूँ," वह मान गई। "लेकिन विशेष रूप से जब मैं गाता हूं।"

"ओह, आप गाते हैं?" युवा डॉक्टर से पूछताछ की।

"हाँ!" लड़की ने कहा। पहली बार उसका क्लासिक, इमोबल छोटा चेहरा बहुत आधुनिक भावना के साथ त्वरित था।

"व्यक्तिगत रूप से," युवा डॉक्टर ने कबूल किया, "अगर आपको कोई आपत्ति नहीं है, तो मुझे थोड़ा सा प्रयोग करने की बहुत कोशिश करनी चाहिए। यह मेरी मदद करेगा, भले ही यह आपको नुकसान पहुँचाए।"

"जैसा आप चाहें," लड़की ने उसी अभेद्य छोटी मुस्कान के साथ लड़की को प्राप्त किया।

अपने कमरे से पीछे हटने के कारण वह रुक्स की एक प्लेट और कॉफी के गर्म कप के साथ देरी के कारण वापस आ गया।

"यह इतना भयावह दिन है," उन्होंने कहा। "और आप इतने गीले और ठंडे दिखते हैं, शायद कॉफी का स्वाद पूरी तरह से नहीं आता। लेकिन यह इन रस्क हैं जो मुझे वास्तव में दिलचस्पी हैं। मैं चाहता हूं कि आप उन पर कड़ी मेहनत करें और फिर वर्तमान में शायद मैं करूंगा। आपको गाने के लिए कहें, ताकि मैं देख सकूं - ओह, "उसने खुद को अप्रासंगिक रूप से बाधित किया। "मैंने उपेक्षा की, मुझे लगता है, आपका नाम पूछने के लिए।"

"मेरा नाम," लड़की ने कहा, "केंड्रे है।"

"क्या न?" युवा डॉक्टर से पूछताछ की। "वह मेरा नाम क्यों है," वह मुस्कुराया।

"हाँ, मुझे पता है," लड़की बड़बड़ाया। "उस तरह के संयोग निश्चित रूप से बहुत अजीब हैं। यह मेरी चाची की पहली बातों में से एक था, जब मैंने उनसे सलाह ली थी कि किस चिकित्सक के पास जाना है। मैं शहर में एक तुलनात्मक अजनबी हूं," उसने थोड़ा शर्माते हुए कहा। "लेकिन मेरी चाची ने नहीं बताया कि आप आ रहे थे?" वह अचानक तेज हो गई। "मेरी चाची, श्रीमती। , आपको नहीं लिखती - या कुछ - जो मैं आ रहा था?"

"श्रीमती। तोम गैलियन?" युवा चिकित्सक कूद गया। धीरे-धीरे अपनी इंद्रियों के माध्यम से एक दर्जन नए कोणों, एक दर्जन नए आक्रोशों को तेज कर दिया। एक लड़की? तो यह था। तोम गैलियन की धमकी "साहसिक," था? दुनिया में सभी संभावित संभावनाओं की तरह, अब यह सिर्फ उस योग्य महिला की तरह नहीं था जो किसी अन्य लड़की को एक ऐसी स्थिति में रखने के लिए सवाल करती थी जो "लड़की" के साथ काफी शर्मनाक थी! "-- । - चाची?" उन्होंने इस तरह के कड़े रुख के साथ मांग की कि खून के रिश्तों में भी सबसे ज्यादा घुलना-मिलना शायद ही इस मामले पर पुनर्विचार करने के लिए रुकता हो।

"ठीक है, बिल्कुल नहीं, बिल्कुल असली चाची नहीं," लड़की ने स्वीकार किया। "लेकिन मैंने हमेशा उसे अपनी चाची कहा है। हम हमेशा बहुत अंतरंग रहे हैं। या शायद मुझे कहना चाहिए कि वह हमेशा मेरे लिए बहुत दयालु रही है, और अब, मेरे पिता के बाद से -" जो एक व्यक्ति की अचूक हवा के साथ। लगभग एक भारी भावना को दबाने के लिए उसने पियानो की ओर अप्रासंगिक रूप से इशारा किया और रस्क की प्लेट और कॉफी का कप लहराया जिसे युवा चिकित्सक अभी भी हतोत्साहित कर रहे थे। "आप मुझे बहाना चाहिए अगर मैं - अगर मैं विकृत लग रहा हूँ," वह हकलाया। "लेकिन बहुत असली झुंझलाहट के अलावा कि मेरे जबड़े में यह छोटा सा दर्द मुझे दे रहा है-मैं उस पियानो के बारे में बहुत हैरान हूँ! आपको यह कहाँ मिला?" उसने काफी फुर्ती से पूछा।

"मैं इस तरह के और ऐसे युद्धकौमों से क्यों विश्वास करता हूं," युवा चिकित्सक ने उतनी ही निष्ठा के साथ भर्ती किया जितना वह इस समय बुला सकता है।

थोड़ा नरम आहें के साथ लड़की बाहर पहुंची और अंधेरे, चमचमाती लकड़ी को छू लिया।

"मैंने ऐसा सोचा," वह फुसफुसाए। "और ओह, आप इसे कैसे प्यार करते हैं! यह निश्चित रूप से सबसे सुंदर साधन है जो मैंने अपने जीवन में कभी देखा है! सबसे मधुर, मेरा मतलब है! सबसे लगभग सही लगने वाला बोर्ड! स्वर और लचीलेपन का एक अद्भुत चमत्कार। मानव आवाज के लिए संगत! "

"यू-एम-एमएमएमएम," युवा डॉक्टर ने कहा।

"दो महीने के लिए," लड़की को मना कर दिया, "मैं आपके द्वारा बोले गए योद्धाओं को सता रहा हूं! दो महीने से मैं इसे रखने के प्रयास में स्वर्ग और पृथ्वी को आगे बढ़ा रहा हूं! लेकिन मेरा मतलब अस्थायी रूप से बंधा हुआ है," वह फिर से कांप गई इतने कम समय में, "मैं तुरंत करने में सक्षम नहीं था" - उस अजीब, अक्रिय छोटी मुस्कान के साथ वह रस्क की प्लेट के लिए बाहर पहुंची और एक ले लिया जैसा कि युवा डॉक्टर ने अनुरोध किया था। "हाँ, यहाँ दर्द है," उसने ईमानदारी से

समझाया। "लेकिन केवल पिछले हफ़्ते," वह जीत गई, "मेरे जन्मदिन पर! मैं दुनिया में हर कारण था कि विश्वास करने के लिए कि श्रीमती। टॉमी गैलियन मुझे पियानो देने जा रही थी! उसने मुझे बहुत सारी अद्भुत चीजें दी हैं!" उसने मुझे दक्षिण कैरोलीना तट पर कहीं बत्तख को मारने के लिए विदा करने के लिए भेज दिया, -शूटिंग, आप जानते हैं? ! "

अपने हाथों से अपने सिर पर ताली बजाते हुए युवा डॉक्टर अचानक घूम गया और खिड़की के लिए शुरू हो गया।

"यह एक कॉमिक ओपेरा था? एक फेक? पर्याप्त काम और बहुत अधिक चिंता का एक झमेला? क्या हर दलदल में ठगना एक नाम चिल्ला रहा था? जब तक जीवन रहता है? तब तक -" एक छोटे से हांफने से चौंककर उन्होंने अपने छोटे आगंतुक को आंसुओं से सराबोर पाया, लेकिन फिर भी अपने आत्म-अधिकार को पाने के लिए बहादुरी से संघर्ष कर रहे थे। "ओह, कृपया मुझे नहीं लगता कि मैं हमेशा की तरह कमजोर हूँ," उसने अपने दुखों के माध्यम से निवेदन किया। "लेकिन दर्द और निराशा और सब कुछ एक ही बार में हो रहा है। और मेरे बड़े नुकसान के साथ हाल ही में-"

"कितने समय पहले आपने अपने पिता को खो दिया था?" युवा डॉक्टर से पूछा, बहुत धीरे से।

"मेरे पिता?" लड़की को हकलाया। सफेद अब मौत के रूप में वह शोक व्यक्त करती है कि उसने अपना त्रस्त चेहरा उसकी ओर बढ़ा दिया। "क्यों यह पिता के बारे में मैं बात नहीं कर रहा था," वह हांफने लगी। "यह मेरे पति थे।"

"आपके पति?" युवा डॉक्टर रोया। दो मिनट पहले क्या यह स्थिति थी कि वह एक हास्य, एक ओपेरा के रूप में शापित हो गया था? यह गरीब, त्रस्त, अति सुंदर, छोटी विधवा, द्वारा टैग की गई। एक "साहसिक" के रूप में टोल गैलियन और उसके ध्यान पर कुछ समलैंगिक नए तरह के व्यावहारिक मजाक के रूप में निकाल दिया गया? यह अपमानजनक था! उसने जमकर हंगामा किया। "बेवजह क्रूर!"

"कोलोरेडो - वह जगह जहां ऐसा हुआ," उसे सुनने के लिए अपना सिर झुकाना पड़ा। "लगभग डेढ़ साल पहले," गरीब छोटी आवाज़ का गला घोंट दिया, "और हमने एक साल शादी नहीं की थी। फेफड़े की परेशानी यह थी, कुछ भयानक रूप से तीव्र। । ने सब कुछ किया। उसने हमेशा सब कुछ किया है। यह कुछ है। मेरे पिता के बारे में मुझे लगता है। ओह, उम्र और उम्र पहले वे प्रेमी थे ऐसा लगता है। मीठी आवाज का सामना करना पड़ा। "इसके लिए खुद को पेरिस जाना था, मेरा मतलब है!"

युवा डॉक्टर की स्मृति में एक भी मौका वाक्य वापस आ गया "एक ऐसे व्यक्ति की बेटी जो एक बार मेरी जवानी में मेरे लिए कुछ था।" तो यह लड़की थी? छोटे "कंजूस रिसीवर"? सभी मौ। तोम गैलियन के तथाकथित "कंजूस रिसीवर्स" को एक यथोचित रूप से कठोर पक्ष में एक अयोग्य पांग कहा जाता है? अनमोल रूप से, मार्मिक, शाश्वत रूप से महत्वपूर्ण, फिर भी हमेशा और हमेशा के लिए मांस जो उसके मांस का नहीं था और न ही उसकी आत्मा का काफी था। परिचित आँखें - शायद? एक विदेशी मुंह? एक डिंपल जिसमें कोई अधिकार नहीं था, संभवतः, एक दुबला, प्यार करने वाले गाल लाइन का शिकार हो रहा था? आग, लौ, बर्फ, राख? स्मृति के लिए एक मशाल, आशा के लिए एक निशान! लेकिन यह किसकी मुस्कान थी? यह पागलपन की बात है आकस्मिक और असंगत थोड़ा "धन्यवाद" मुस्कुराते हुए अपने तरीके से स्पष्ट रूप से शिफॉन या क्रेप के बराबर निष्पक्षता के साथ अपने तरीके से मुस्कुराते हुए - एक कुशल कुर्सी, या दर्द से राहत का सबसे बड़ा वादा? थी। तोम गैलियन के जीवन, संयोग से, बस एक मुस्कान पर मलबे चला गया? और स्वर्ग के नाम पर, अगर लोग एक-दूसरे से प्यार करते थे, तो क्या उन्होंने उन्हें कुछ भी करने दिया? और उस के पीछे-वैसे भी लोग एक-दूसरे से क्या प्यार करना चाहते थे? क्या अच्छा था? यह सब पुराना प्यार करने वाला और बिदाई देने वाला और कुछ-कुछ एक-दूसरे से अपना नया रास्ता निकालकर अब फिर से शिफॉन-एंड-क्रेप में बदल जाएगा! "बोनी-एंकिलोसिस-ऑफ-द-टेम्पोरोमैंडिबुलर- संयुक्त!" वाक्यांश के बहुत स्वाद पर उसका मन अपनी श्रद्धा से उछल कर वापस एक असली सवाल पर लौट आया। "अगर आप कृपया, अब!" उन्होंने अपने आगंतुक पर आरोप लगाया। "बस थोड़ी सी कॉफी! बस एक कुरकुरे या दो रस्क!" जैसे ही उन्होंने बात की वह पहले एक

और फिर दूसरे को गालियां देने लगे। "और यह रो रही है?" वह कायम रहा। "इससे आपको भी तकलीफ होती है?"

द्वार के उस पार से उसे अचानक पैरों की कम आवाज सुनाई दी और वह कैली केजेलैंड के हंसते हुए चेहरे को देखने लगा। गर्मियों में ओलावृष्टि के रूप में नीला-तूफान, कुरकुरा, झिलमिलाता, ठंढ से जगमगाता हुआ, यहाँ तक कि उसके सुनहरे बाल भी लर्कसपुर-ब्लू स्टॉर्म हैट में टक कर गए, वह युवा डॉक्टर और उसके रोगी दोनों के लिए एक तिरस्कारपूर्ण उंगली हिलाते हुए खड़ा था।

"ओह, हो! क्या अफ़सोस!" वह हंसी। "अगर आपने मुझे बताया था, लेकिन श्रीमती गैलियन की साहसिक पिकनिक होनी थी, तो मैं खाना भी ला सकती थी!"

माफ करना, मिस
"मुझे माफ करना, याद आती है," उन्होंने कहा; "लेकिन यह पिकनिक नहीं है - यह एक क्लिनिक है"

"पिकनिक?" युवा चिकित्सक को फेंक दिया। अंधेरे आंखों में वादी घबराहट से पहले जो उठा, उसकी आवाज को देखकर उसकी अनियंत्रित गंभीरता पर तुरंत प्रभाव पड़ा। "मुझे माफ करना, याद आती है," उन्होंने कहा; "लेकिन यह पिकनिक नहीं है - यह एक क्लिनिक है।"

"तो? कौन क्लिनिक है?" रोती हुई केजी केलांड पूरी तरह से बिना सोचे समझे, और उनके साथ जुड़ने के लिए खूब आगे बढ़ीं। "यह एक औचित्य नहीं है, डॉक्टर केंड़े," वह हंसी, "कि मैं इस तरह बीमार चाची के बिना आऊं? लेकिन एक तूफान में चाची के लिए इतना अशिष्ट यह सबसे अच्छा नहीं है कि मैं कुछ अच्छी दवा खरीदूं?" बर्फ के टुकड़े को पिघलाने के एक झटके में वह पहली कुर्सी की बांह पर खुद को दबाए हुए था, और अपनी बड़ी नीली जेब से परिचित छोटे पर्स को निकालते हुए युवा डॉक्टर को एक-डॉलर का बिल सौंप दिया। "बीमार चाची के लिए दवा!" उसने

उल्लास की आज्ञा दी। उसके बाद पियानो पर केवल सबसे आकस्मिक नज़र के साथ, वह उसके सामने उजाड़ थोड़ा आंकड़ा की जांच करने के लिए चारों ओर चक्कर लगाया। यदि वह आँसूओं पर ध्यान देती है तो वह निश्चित रूप से इसका कोई संकेत नहीं देती है।

"आह! यह मैंने जैसा सोचा था!" वह जीत गई। "सबसे निश्चित रूप से मेरे मन में मैंने कहा था कि आप एक लड़की होगी!" एक व्यापक नीली आंखों की झलक में वह अचानक हर व्यक्तिगत स्वर और अंधेरे, अति सुंदर छोटे चेहरे की विशेषता को महसूस कर रही थी, जो उसके लिए बहुत ही आश्चर्यजनक था। तब काफी अप्रत्याशित रूप से एक सबसे अधिक टिमटिमाती हुई मुस्कान उसके पूरे तेज विपरीतता के साथ टिमटिमाती थी और ठीक-ठाक दोस्ताना बच्चे की तरह उसने अभिवादन में हाथ बँटाया। "सबसे निश्चित रूप से," उसने स्वीकार किया, "आप मैं की तुलना में अधिक सुंदर हैं! लेकिन कुछ मायनों में भी," उसने मुस्कराते हुए कहा, "मैं निश्चित रूप से तुमसे ज्यादा प्यारा हूं!"

जब युवा डॉक्टर आसमान के गिरने का इंतजार करते थे, तो उन्होंने इसके बजाय, अपने असीम विस्मय को देखा, कि थोड़ा श्यामला हालांकि अभी भी हतोत्साहित था, निर्विवाद सौहार्द के साथ हाथ मिलाने के लिए लौट रहा था। "बहुत अच्छी तरह से नस्ल वाली महिलाएं ऐसी थीं," उन्होंने जल्दी से तर्क दिया। "कोई फर्क नहीं पड़ता कि कैसे वे पूरी तरह से अव्यवस्थित हैं जैसे कि चूहे या टोड जैसी मूर्खतापूर्ण चीजें हो सकती हैं, जब आप विशुद्ध रूप से सामाजिक आपातकाल में आते हैं तो आप उन्हें विचलित नहीं कर सकते।" और ऐसी स्थिति में जो पहले से ही एक बिंदु तक पहुंच गया था, वहां इतनी निराशाजनक रूप से गैर-पेशेवर था कि सब के बाद भी लग रहा था, लेकिन उसके लिए एक चीज छोड़ दी।

"मिस केजेलैंड!" उन्होंने वास्तव में भयानक औपचारिकता के साथ निबंध दिया, "यह श्रीमती है। केंड्रे!" इस वाक्यांश ने अपने होंठों को छोड़ दिया था, उसके बहुत कानों को एक संभव निहितार्थ के साथ तोड़-मरोड़ कर दिया गया था, जो कि मिस कैली काजेलैंड को इस तरह की घोषणा से आकर्षित करेगा, और किसी भी महिला की तुलना में अधिक आतंकित वह एक माउस के साथ होता था जो वह बदल गया और अपनी दवा से भाग गया कमरे के बहुत दूर कोने में कैबिनेट।

"आपकी पत्नी?" खुलकर सुलझी केजेलैंड फ्रेंक विस्मय में। "तोह फिर?" वह हंसी। "और मैं केवल आया हूं! मुझे अच्छी दवा के एक चौथाई के लायक मिश्रण! डॉक्टर।" उसने अपने कंधे पर वापस बुलाया, और दूसरी लड़की के पैरों में कम मल पर गिरा। "अब इस पियानो के बारे में!" वह अनमने ढंग से रहने लगी।

"मैं डॉक्टर केंड्रे की पत्नी नहीं हूँ!" थोड़ा काले आंकड़े का विरोध किया। "क्यों-क्यों मुझे लगा कि आप उसकी पत्नी हैं," उसने बढ़ते भ्रम के साथ कहा।

दवा कैबिनेट की दिशा से कुछ एक घुट की आवाज स्पष्ट रूप से श्रव्य थी। दोनों लड़कियों ने सहज रूप से मिलने के लिए गुलाब किया - केवल युवा डॉक्टर के पूरी तरह से अपमानजनक चेहरा।

"अब कौन मिस-ए-अपीयरेंस खा रहा है?" बीमी का हल

"डॉक्टर। केंड्रे मेरा एक रोगी है," युवा चिकित्सक ने कुछ ठंड लगने की पुष्टि की।

"ओह," नोल्ड लड़की को समान ठंडक के साथ स्वीकार किया। "एक मरीज! वह सबसे अच्छा है। लेकिन-" हालांकि अचानक इस नवीनतम जीवनी संबंधी घोषणा से वह फिर से पिघल गया, उसने निराशा के एक स्पष्ट इशारे के साथ अपने हाथों को फेंक दिया। "अगर यह एक मरीज होना चाहिए," उसने कहा, "फिर कौन 'अन्य साहसिक' है?"

थोड़ा काले व्यक्ति की पीठ के पीछे युवा चिकित्सक ने अपने होंठों पर एक त्वरित चेतावनी उंगली उठा दी।

"शश!" वह उसे करने के लिए संकेत दिया।

कैली केजेलैंड के माथे पर असंगत भ्रूभंग अधीरता की तरह बहुत कुछ में गड़बड़ी से गहरा हुआ।

"अच्छी तरह से निश्चित रूप से," उसने कहा। "आप अपने कार्यालय में एक महान शोभायमान हैं, लेकिन दरवाजे पर सबसे अधिक जंगली हैं। मेरे लिए," उसने स्वीकार किया, "यह पियानो और पियानो का है जो मुझे परवाह है!"

"यह बस है," युवा डॉक्टर ने कहा, "यह पियानो और पियानो केवल उस श्रीमती का है।

पहले से ही हाथीदांत कुंजियों को छूने वाली उसकी उंगली-युक्तियों के साथ नॉर्सेज़ लड़की तेजी से चारों ओर घूमती है।

"वह क्या है?" उसने मांग की।

अचानक बिगाड़ने वाला दृढ़ विश्वास के साथ। तोम गैलियन, जो दुनिया में पहले से ही कई अजीब स्थितियों के लिए जिम्मेदार है, बस अब सब कुछ के लिए जिम्मेदार हो सकता है, युवा डॉक्टर ने अपनी नवीनतम घोषणा के लिए सांस ली।

"श्री। केंड्रयू," वह शांत भाव से पढ़ते हुए मुस्कुराया, "भतीजी है, - जैसा कि वह थी, उस महिला की जिसने मुझे पियानो दिया था।"

"क्या," एक ही सांस में दोनों लड़कियों को हकलाया।

लेकिन इस बार सबसे कम विधवा होने की बारी विधवा की थी। "क्या," उसने एक अस्पष्ट नए तरह के दर्द के साथ दोहराया। "क्या? आप का मतलब है कि श्रीमती। टॉमी गैलियन ने आपको पियानो दिया था - जब वह जानती थी कि मैं कैसे इन सभी महीनों के लिए तरस रहा हूं, तो दिन-ब-दिन योद्धाओं का शिकार हो रहा है!" उसने अपने काले कंधे पर दूसरी लड़की को बहुत समझाया। "क्यों-आपको संगीत से प्यार क्यों है?" उसने युवा चिकित्सक की अचानक आवेशपूर्ण जुनून के साथ मांग की। "क्या आप वास्तविक संगीतकार हैं, मेरा मतलब है?"

"इसके विपरीत," युवा डॉक्टर को झुकाया, "मैं टेंडर के बारे में दिल से कह रहा हूं क्योंकि आप बतख हैं। स्वर्ग के नीचे कुछ भी नहीं है जो मुझे

पियानो पर मेरे उबड़-खाबड़ हाथ लगाने के लिए प्रेरित करेगा।" आम मानवता के एक आवेग में उन्होंने नई गुत्थी को हल करने के लिए काजी केलांद के चेहरे की ओर रुख किया। "यह बतख के बारे में भ्रम है," उन्होंने समझाया, "श्रीमानों की एक और छोटी मूर्ति की चिंता करता है।

"हाँ!" छोटी विधवा को छोड़ दिया। "जब उसने डॉक्टर को इस अद्भुत पियानो को भेजा तो उसने मुझे एक भयावह बतख अंधा भेज दिया - दक्षिण कैरोलिना में कहीं नीचे!"

"वह क्या है?" घबराई हुई सुलझी केजेलैंड।

"शूटिंग के लिए जगह क्यों!" युवा डॉक्टर को फँसाया। "जंगली बतख, तुम्हें पता है! '-!' एक खेल शिविर! " उसका पूरा चेहरा अचानक से लड़खड़ा गया था।

"ओह! और यह छोटी श्रीमती। केंड्रयू स्पोर्ट नहीं करता है," परिलक्षित होता है। एक और झटपट में उसका अपना चेहरा भी बिल्कुल अलग था। "ओह, क्या बकवास है!" वह हंसी। "क्या एक खिन्नता है! यह निश्चित रूप से एक गलती है, सबसे मज़ेदार, सबसे अधिक संघर्षपूर्ण! किसी तरह से यह है कि उपहार मेलों में मिलना चाहिए!"

"ओह तेरी!" युवा डॉक्टर के सिर को काट दिया। "ओह तेरी!" उन्होंने कुछ जोर देकर दोहराया। "लापरवाह के रूप में मैं आपको विश्वास दिलाता हूं कि कई डाकघर हैं, एक भव्य पियानो और एक बतख अंधे की मेलों में बहुत कम संभावना है।"

"ओह," नॉर्स लड़की को निर्वाह किया, लेकिन केवल एक पल के लिए। "मेरा विचार क्या होना चाहिए," उसने ख़ुशी से फिर से कहा, "और मेरी चाची का विचार क्या होना चाहिए, यह है कि यदि आप हमें पियानो लेने देंगे - एक महीने, दो महीने, तीन, तो हम बदले में आपको कुछ सबक देंगे। इस संगीत में, या तो पियानो या स्वर में। "

"डॉक्टर," युवा डॉक्टर ने कहा, "हाँ-हाँ, ज़ाहिर है कि निस्संदेह बहुत मानवीयकरण होगा और वह सब, लेकिन इतनी अप्रत्याशित प्रतिस्पर्धा

के साथ, जैसा कि यह था, एक को बहुत आगे बढ़ना चाहिए, - धीरे-धीरे मामले में। बस क्या-सिर्फ आपका विचार क्या होगा, । ? " वह बदल गया और अचानक पूछा।

"मेरा विचार?" छोटी विधवा बह निकली। "क्यों-क्यों, निश्चित रूप से मुझे कोई विचार नहीं था क्योंकि मुझे यह भी नहीं पता था कि आपके पास पियानो अब तक है। लेकिन अगर आप अभी भी इसके साथ भाग लेने के लिए तैयार हैं - संपत्ति के निपटारे के बाद," उसने कहा। स्पष्ट भावना के साथ जल्दबाजी, "क्यों, फिर-शायद-" - के रूप में वह बात की वह पियानो के लिए आगे कदम रखा और एक के बाद एक कॉर्ड उँगलियों से बाहर, नरम, जीवंत, प्रयोगात्मक, प्राप्त मामूली, एक डरपोक, नाजुक प्रकृति की पूरी बेहोश अपील मदद, प्यार, कोमलता के लिए जीवन के लिए।

"प्रिय मुझे!" युवा डॉक्टर को पेश किया।

"ओह! तुम खेलते हो?" रोया काज़ली केजेलैंड परमानंद।
"ओह, नहीं," छोटी विधवा को चित्रित किया। "मैं सिर्फ गाता हूं। क्या आप गाते हैं?" बदले में उसने मांग की, हालांकि उसका दिल सवाल के साथ उछल गया।

"ओह, नहीं," सेल्जी कजेलैंड ने कहा, "मैं सिर्फ खेलता हूं।" बारी-बारी से वह आगे बढ़ी और एक ही राग मारा। लेकिन इस एक राग के बारे में कुछ भी नरम या मामूली नहीं था। एक स्पष्ट रूप में सरगर्मी, स्पष्ट, सरगर्मी यह डिंगी कमरे के माध्यम से बाहर चलाता है।

"बाप रे!" युवा डॉक्टर ने सोचा।

और हालांकि, तब और उसके बाद संगीतमय उत्साह के साथ इतनी देर तक नटखट लड़की ने अपने साथी पर आवेगपूर्वक गोल घुमाया। "आप नहीं खेलते हैं! और मैं नहीं गाता! इसलिए हमें जाने दो!" वह उत्साह से रोया और पियानो स्टूल पर नीचे गिरते हुए सचमुच हाथीदांत-कुंजी और माधुर्य में उसकी धाराप्रवाह उंगली-युक्तियों को पिघलाते हुए लग रहा था।

अनिश्चित रूप से एक शानदार, अराजक क्षण या दो के लिए, कॉर्ड कॉर्ड पर सद्भाव और सामंजस्य पर टिका हुआ था, और फिर अचानक युवा डॉक्टर के संगीत के अनजाने दिमाग में ऐसा लग रहा था जैसे ध्वनि की दुर्घटनाग्रस्त तरंगें सचमुच एक छोटी सी धुन के लिए दोनों ओर भाग रही थीं। के माध्यम से। और इस तरह के "सुखद परिचित धुन" उन्होंने इसे खुशी से मूल्यांकन किया। उसे याद नहीं था कि वर्डी ने इसे लिखा था। वह यह विचार करने के लिए नहीं रुका कि यह ट्रोवेटोर से था। उन्होंने कहा कि यह एक धुन थी, और एक धुन जो चीजों को कहती थी, और एक धुन जो हमेशा एक ही बात कहती थी कि क्या तुमने सुना है कि यह एक डामर फुटपाथ पर एक हड़ताली-गर्डी के माध्यम से कटा हुआ है या समुद्र तट पर एक बैंड द्वारा कड़ाई से गर्जना है। "हमारे पहाड़ों के लिए घर!" यह कहा गया था, और ओह, अन्य चीजें भी, निस्संदेह, लेकिन यह सब वास्तव में मायने रखता था, "हमारे पहाड़ों के लिए घर!"

हालांकि, यह पूरी तरह से स्पष्ट था कि छोटी विधवा ने इसकी देखभाल की थी कि इसे किसने लिखा है, और यह क्या है, और यह कहां जा रहा है! रोमांचकारी मिठास, आश्चर्यजनक तकनीक और सबसे आश्चर्यजनक मात्रा के साथ, उसकी समृद्ध आवाज अचानक कमरे के माध्यम से बजाई। और उसके दिल की प्रारंभिक छलांग में यह कोई आश्चर्य नहीं था कि गरीब युवा डॉक्टर उसके जीवन के लिए नहीं बता सकता था कि क्या शरारत सभी एक लड़की की आवाज़ में थी या किसी अन्य लड़की की उंगली-युक्तियां, या आंशिक रूप से आवाज में और आंशिक रूप से उंगली में युक्तियाँ-या? "हमारे पहाड़ों के लिए घर," प्यारी आवाज बढ़ गई, फिर अचानक से घायल हो गया, जैसे कोई घायल चीज, और अपने हाथों से उसके गाल को कसकर दबाया, छोटी गायिका पहली कुर्सी पर कमजोर रूप से नीचे गिर गई जो वह पहुंच सकती थी।

"क्यों, यह क्या है!" युवा चिकित्सक कूद गया।

आँसू की एक धुंधली आँखों के माध्यम से उसकी आँखों को उठा दिया। "ओह, कुछ खास नहीं," छोटे गायक ने बाजी मारी। "बस सब कुछ!"

कोरस के एक अप्रासंगिक दुर्घटना के साथ केजेलैंड ने पियानो से तेजी से गोल किया।

"यह मर्स कौन है। टोम गैलन, वैसे भी?" उसने जमकर मांग की। "और उसकी आदत कहाँ है? और वह कितनी अच्छी है? लोगों से इस तरह से वापस मिलने के लिए वे जो चीजें चाहते हैं और जो कुछ भी नहीं चाहते हैं, उन सब के साथ-साथ उन्हें काटते हैं, - यह एक घोटाला है जो मैं कहता हूं! यह एक राक्षसी है। । " एक त्वरित, झटकेदार प्रकार की अवज्ञा के साथ वह अपने पैरों पर उठी और अपनी नीली टोपी को सीधा करने और अपने नीले कॉलर को कसने की शुरुआत की। "मैं एक साहसिक के रूप में एक विफलता हूं," वह हंसी। "और मुझे भी कुछ नहीं मिला! न ही पियानो, न ही बीमार चाची के लिए दवा। मुझे इस महिला का पता दें," उसने मांग की। "और मैं उसे अपने अवकाश में लिखूंगा और उसे बताऊंगा कि उसके बारे में मेरे विचार क्या होने चाहिए!"

"कर!" युवा डॉक्टर से आग्रह किया। "कुछ भी उसे अधिक खुश नहीं करेगा! जब एक महिला को अहंकार होता है कि है तो दुनिया में ऐसा कुछ भी नहीं है जो उसके घमंड को गुदगुदी करता हो ताकि सुनने के लिए कि लोग उसके बारे में क्या सोचते हैं, यह अच्छा, बुरा या उदासीन हो।" जानबूझकर द्वेष के साथ उसने अपनी नोटबुक से एक पत्ता निकाला, उस पर वांछित पता लिखा और उसे नॉरसेज़ गर्ल को सौंप दिया। "अगर यह कुछ और नहीं करता है," उसने नकली गुरुत्वाकर्षण के साथ उसकी प्रशंसा की, "यह कम से कम आग लगा सकता है!"

"मैं आग लगाता हूँ?" बार-बार लड़की को थोड़ा सा दोहराया। फिर जैसे-जैसे सारी विपत्ति को झेलना पड़ा वह अचानक युवा विधवा की ओर मुड़ गई। "जैसा कि आप के लिए-" उसने मुस्कराते हुए कहा। "आप एक चालाक छोटी चीज़ हैं! और मैं आपसे प्यार करता हूँ!" अचूक कोमलता से वह गिर और माथे पर चकित थोड़ा गायक चूमा। "और मुझे आशा है कि आप जल्द ही एक परिपूर्ण कल्याण हो जाएंगे," उसने कहा। "और पियानो के लिए पूरी तरह से पूरे गाने गाओ, यह है कि आपको सबसे अच्छा प्यार करना चाहिए! मेरे लिए!" उसने युवा डॉक्टर को तेज आवाज में बुलाया। "यह है कि आप समझते हैं कि मैं पूरी तरह से इस्तीफा दे रहा हूं?"

"इस्तीफा क्या दिया?" युवा चिकित्सक को फेंक दिया।

"ओह, यह भाषा!" हंसी सुलझी। "क्या आप अपने खुद के शब्दों को जानते हैं ?, इन? यह है कि मैं कहूँगा कि साहसिक से पूरा मैं इस्तीफा दे दिया है!"

"शश! स-श!" युवा डॉक्टर के चेहरे को एक बार फिर से चेतावनी दी। लगभग उत्सुकता से वह उसके साथ दरवाजे तक गया। "एस-श-!" उसने उसे फंसाया। "गरीब छोटी लड़की को कभी भी श्रीमती के बारे में नहीं पता होना चाहिए। उसे एक साहसिक कार्य के रूप में यहां भेजने के लिए गॉलियन के दुस्साहस को समझना चाहिए।" सभी दुखों के साथ वह अभी और दर्द में है- "

"हाँ, बहुत," सही के साथ सजी केजेलैंड को प्राप्त किया। उसके बाद खुले द्वार में एक नीले-सुनहरे रंग की फड़फड़ाहट हुई, जिसे उसने "ब्लिट-बाय" कहकर वापस बुलाया।

"नेकदिल, डॉक्टर और डॉक्टर। केंड्रयू!" उसने फोन किया था। "क्या नहीं?" वह दोनों उत्थान चेहरे में बहुत स्पष्ट बाधा पर बह गया। "अच्छा-तब तक, । और डॉक्टर केंड़े!" उसने अपने एडियस को जल्दबाजी में संशोधित किया। "क्या नहीं?" वह अधीरता के अपने पहले वास्तविक संकेत के साथ भड़क गई। "तो फिर, अच्छा है, । और डॉक्टर नहीं केंड़े!" वह विजयी रूप से समाप्त हो गई, और बर्फ के तूफान में गायब हो गई। अपने सोबर कार्यालय और अपने दुखी छोटे रोगी के लिए वापस मुड़कर यह अचानक युवा चिकित्सक को लग रहा था, जैसे कि पहला नीला पक्षी भाग गया था, बगीचे के लिए वसंत प्रस्तुत करने के लिए केवल एक काली आइरिस कली थी। "नीले पक्षी प्यारे थे!" युवा चिकित्सक को तेज किया। "और फिर भी?" उनकी स्मृति में मार्मिक रूप से एक धुंधली स्थिति आ सकती है, जो सालों-साल पहले एक पूरी तरह से घास में पैर-पैर बांधकर बैठ गई थी - एक काली परितारिका कली के अनमोल चमत्कार को देखने के लिए!

विशेष गति और ऊर्जा के बारे में विचार करते हुए, जिसे किली केजलैंड ने उस दोपहर को अपने घर के काम पर लगाया था, ट्रैफ़िक और गूंजने वाले सबवे के माध्यम से यह ध्यान देने की बात है कि पहली चीज़ जो उसके कमरे तक पहुँचती है, वह थी उसके लेक्सपुर-ब्लू में बैठना। कोट और टोपी और शब्द "अवकाश" उसकी अंग्रेजी शब्दकोश में जांच। दी गई सभी विभिन्न परिभाषाओं में से, "मन की वैकेंसी" उनके फैंस को सबसे अच्छी लगती थी। "मेरे दिमाग की रिक्तता में यह है कि मैंने इस लेखन के लिए वादा किया है?" उसने सवाल किया। "एक बहुत अच्छा कल्याण तब! मेरे मन या मेरे दिल को अब और अधिक खाली किया जाना चाहिए?"

इस आवेग के लिए वह शाम को बताने के लिए बैठ गई। ठुमके लगाती है, जैसा उसने सोचा था। नीली स्याही के साथ कुछ बहुत पीला, पीला पीला नोट पेपर, जिस पर उसने प्रशंसा की, और उसकी राष्ट्रीयता की इतनी विशिष्ट लिखावट में, बहुत पृष्ठ व्यक्तित्व का एक गोरा रंग था।

श्रीमती। तोम गैलियन,

प्रियतम मैडम (उसने लिखा):

तुम कैसे करते हो और मुझे सब पता है! यह मत करो, मैं कहता हूं। ये मत करो। वे इसे पसंद नहीं करते हैं और यदि आप इस प्रकार उन्हें चिढ़ाते रहते हैं, तो आप निश्चित रूप से उस एक वस्तु को पराजित कर देंगे, जो कि मुझे इस बात का संदेह है कि आपने मन के एक पक्ष में भाग लिया है। क्या ऐसा नहीं है?

आप निश्चित रूप से बहुत चतुर और बहुत धनी और कुछ दर्द के हैं। और, यह निश्चित रूप से बहुत ही विचलित करने वाला है और सबसे अधिक इस तरह से झूठ बोलने की योजना है कि कोई व्यक्ति अभी तक नियति को कैसे प्रेरित कर सकता है, क्या आप कहते हैं?

और यह निस्संदेह है जैसा कि आप अच्छी तरह से सोचते हैं - छोटी विधवा महिला ने बहुत लंबे समय तक विलाप किया है, और घर के अंदर बहुत नाजुक है, और गायन-आवाज़ पर बहुत अधिक चाँद लगाती

है। और इस युवा डॉक्टर ने अपनी बारी में, वह भी एक गलती है, इसलिए व्यंग्य, इतना गंभीर, और मिनटों को छोड़कर सभी महिला और सभी पियानो दोनों से नफरत करता है। और आपने सोचा है कि अगर इस प्रकार महिला की हड्डी में थोड़ा दर्द होता है, तो इन दोनों को पियानोस के बारे में डांट खाने के लिए लाया जा सकता है और अंधे बतख बहुत अच्छे हो सकते हैं और अभी तक सबसे ज्यादा प्यार करने वाले हैं?

लेकिन नहीं, मैडम यह बहुत बड़ी गलती है! ये लोग उतने उज्ज्वल नहीं हैं जितना आप समझते हैं। और उनके दिलों में भी उस सबसे खुश लालच में से कोई नहीं है जो एक मजाक के रूप में सभी हास्यपूर्ण बातें करता है! नहीं न! यह केवल यह है कि वे आपके उपहारों में एक महान मेक-वे-पागल देखते हैं जो यदि आप अन्य कॉमिक्स के साथ ऐसा करने में बने रहते हैं, तो वे उन्हें एक-दूसरे के लिए घृणा और अपमान के साथ ठंडा कर देंगे। और जब आप गरीब छोटी महिला को एक साहसिक कार्य के रूप में टैग करते हैं, तो आपने अभी तक युवा डॉक्टर की चिट्ठियों को पूरा नहीं किया है, ताकि वह अपने अर्थ में यह भी नहीं देख सके कि इतनी कम विधवा अभी भी एक बहुत बड़ा साहसिक कार्य हो सकती है।

यह मत करो, मैं कहता हूँ! ये मत करो! यह क्रूर है। और कोई कानून नहीं है लेकिन आपका अपना सम्मान है जो इसे रोक सकता है।

यदि द्वेष इतना बनता है कि आप इसे रोक नहीं सकते हैं, लेकिन लोगों को जो वे नहीं चाहते हैं, उसे देने के इस सबसे मूर्खतापूर्ण रिवाज में बने रहना चाहिए।

मैं जवान हूँ। मैं दृढ़ हूँ। और बहुत हंसा। यदि आप इस समय दुनिया में कुछ भी पा सकते हैं, तो मैं नहीं चाहता कि आप मुझे इसे भेजने की हिम्मत करें!

आपका अपना,

सॉल्टी केजेलैंड।

तब न्याय और अंग्रेजी भाषा के हल के साथ व्यंग्य किया जा रहा था किशोर किशोरियों की खोज और अपनी स्वयं की चाची के साथ मानवीय घटनाओं की सामान्य चर्चा और अपनी जीभ में एक बार फिर से।

रविवार, सोमवार, मंगलवार, बुधवार, शिक्षाशास्त्र और चाची को छोड़कर कुछ भी दूर से उसके क्षितिज को खतरा नहीं था। और उसके सुडौल युवा शरीर के हर हावभाव से, उसके सुडौल युवा चेहरे की हर बदलती अभिव्यक्ति, स्पष्ट रूप से कुछ अलग आंतरिक विजय के संकेत के रूप में लग रहा था कि अभी तक अप्रकाशित है। शुक्रवार की रात को, हालांकि, यहां तक कि इस आत्म-नियंत्रण ने इसके पट्टे को खिसका दिया, और उसने भावनाओं की एक बहुत ही विशिष्ट और निश्चित अभिव्यक्ति के साथ नींद के लिए अपनी आँखें बंद कर लीं। "आह!" उसने हँसते हुए कहा, "उस गैलियन लेडी ऑफ योनडर नेक और फिक्स्ड! हाँ!"

यह विशेष प्रसव द्वारा, शनिवार की रात, देर रात तक नहीं था। तोम गैलियन का जवाब आया।

सोते हुए सीढ़ियों से नीचे उतरना सीढ़ियों के नीचे आधी रात को जवाब देने के लिए है कि कोई और जवाब देने के लिए जागता नहीं दिख रहा है, सॉल्वि केजेलैंड ने अपने हाथों में लिपटे दिखने वाले तुच्छ को प्राप्त किया। यह जितना छोटा था, विशेष वितरण डाक द्वारा भारी ओवरहेड, और लगभग एक पीला में निर्देशित, ठीक-ठाक लेखन, जिसने किसी को भी दया के लिए या कम से कम दया के लिए किसी को सुझाव दिया हो।

पश्चाताप के एक पहली बेहोश करने की क्रिया के साथ इसे हल करने के लिए कोई सामग्री नहीं है जो दक्षिण कैरोलीना में छोटे से मुख्य भूमि शहर के लिए एक रेल टिकट को छोड़कर, जहां । टोम गैलियन ने अपना अधिकारिक पता स्थापित किया था।

एक पल के लिए और गूंगेपन में डरी हुई लड़की हर एक शब्द, वाक्यांश, अल्पविराम, तारांकन चिह्न को समझने के लिए वास्तव में बेताब प्रयास में एक फिसले हुए पैर से दूसरे में शिफ्ट हो गई, जो कि छोटे से दस्तावेज में है। फिर काफी अचानक एक मुस्कान जो किसी भी तरह से नहीं थी,

उसकी नीली आँखों और उसके चमकते दांतों के बीच शानदार ढंग से चमकती थी।

"कंजूस!" कहा कि केजीलैंड, और उसके बड़े ग्रे कंबल को इकट्ठा करते हुए उसके चारों ओर एक छोटा सा करीब उसके बिस्तर पर वापस भाग गया।

सुबह की रोशनी की पहली फीकी किरण के साथ, शायद वह तुरंत आश्वस्त होने के लिए जाग गई होगी कि पूरे टिकट एपिसोड एक सपना था अगर उस एपिसोड से केवल उसके अवचेतन कटौती ने उसके होंठों पर पहली बार एक व्यंग स्वाद की तरह नहीं जगाया था। "दुनिया में एक चीज जो मैं नहीं चाहता था - बस इस समय! वह महिला एक चुड़ैल है!" वह वाक्यांश था जो उसके होठों पर जगा था।

अगले सप्ताह की शुरुआत तक यह नहीं था, हालांकि, उसने उसे खबर बताने के लिए युवा डॉक्टर को बुलाया।

"कैसे हैं आप?" उसने फोन किया। "यह सेल्जी केजेलैंड है। मैं अच्छे से कह रहा हूं।"

"अच्छा, क्यों, तुम्हारा क्या मतलब है?" युवा चिकित्सक की स्पष्ट रूप से आश्चर्य की आवाज पर सवाल उठाया।

"यह है कि मैं दूर जा रहा हूं," सॉल्टी ने कहा, "थोड़ा - क्या यह आप एक यात्रा कहेंगे।"

"ओह," युवा डॉक्टर ने कहा। "कहां है?"

यदि यह कथन कभी भी किया जा सकता है कि एक व्यक्ति ने अपनी आवाज़ को हल किया तो निश्चित रूप से उसकी आवाज़ "सिकुड़ी" हुई।

"ओह, सुरंग के माध्यम से!" उसने कहा। "और फिर बंद!"

"हाँ, पर कहाँ?" युवा चिकित्सक को बनाए रखा।

"ओह, दक्षिणी कैरोलीनों को इस श्रीमती यात्रा के लिए।

"क्या न?" युवा डॉक्टर रोया। "क्यों-क्यों, तुम्हारा क्या मतलब है?"

"मतलब?" झटपट सुलझी। "क्यों यह एक मतलबी होना चाहिए? क्या यह नहीं है। क्या मैंने बीमार चाची को यह सब नहीं समझाया? "
"हाँ, लेकिन क्या आपका वास्तव में मतलब है कि आपने को लिखा है। युवा डॉक्टर को हतोत्साहित किया। "तुमने क्या कहा? स्वर्ग के लिए तुमने क्या कहा?"

"मैंने जो कहा था, उसे अपने दिल में सील कर देना चाहिए," कुछ ठण्ड के साथ सुलझी हुई हल।

"हाँ, लेकिन मेरे प्यारे बच्चे!" युवा डॉक्टर का विरोध किया। "आपको लगता है कि आप क्या करने जा रहे हैं, इसका कोई अंदाजा नहीं है! यह आपके द्वारा समझे गए किसी भी प्रकार के हंसमुख स्थान पर नहीं है। यहां तक कि इसका नाम भी आप जानते हैं कि 'समुद्र की उदासी है।"

"यहां तक कि," सेली ने कहा, "इसमें कोई विशेष दर्द नहीं है। मेरे समय में मैंने पहले से ही जमीन के कई दस्ताने नहीं देखे हैं? फिर मुझे सरा भूगोल के लिए क्यों नहीं, एक 'उदासी की जांच शुरू करनी चाहिए?" समुद्र'?"

"हाँ, लेकिन यह एक है - यह एक रेगिस्तान द्वीप है, आप जानते हैं!" युवा चिकित्सक को बनाए रखा।

"तो-ओ?" उजली हुई। "और फिर ऊंट होंगे? नहीं?" अफसोस की एक नरम आह के साथ उसका पूरा व्यक्तित्व एक क्षण के लिए फीका पड़ गया था और पार किए गए टेलीफोन तारों के धुंधलेपन की आशंका थी। फिर एक घंटी के रूप में स्पष्ट उसकी आवाज फिर से बाहर बजाई। "और क्या आपने छोटी उदास महिला को एक बार फिर देखा है?" उसने पूछा।

"क्यों वह अब यहाँ मेरे कार्यालय में है," युवा डॉक्टर ने कहा। "उसे लगभग हर दिन आना पड़ता है।"

"तोह फिर?" नॉर्स गर्ल को पसंद किया। "और क्या हड्डी में थोड़ा दर्द महसूस करने में लंबा समय लगेगा?"

"मुझे निश्चित रूप से ऐसी उम्मीद है!" युवा डॉक्टर को हँसाया। और पहली बार जब से उसने सुना था कि हंसी में कोई विडंबना नहीं है, लेकिन सरासर खुशी है।

"आप इस छोटी सी यात्रा के विचारों को प्राप्त करने के लिए काफी नहीं लग रहे हैं, जो मुझे करना चाहिए," उसने उसे बहुत फटकार लगाई। "यह सिर्फ ऐसा नहीं है कि मैं जाता हूं! लेकिन यह कि मैं रहता हूं! यह सिर्फ एक बार के लिए नहीं है, बल्कि ऐसा लगता है कि यह महिला मेरे लिए बहुत इच्छा रखती है! टिकट जो वह इतनी विनम्रता से भेजता है लेकिन एकतरफा है।" वापस नहीं आता। "

"टिकट?" युवा डॉक्टर को धन्यवाद दिया। "क्यों, यह बहुत जरूरी है! आप वास्तव में इसका मतलब नहीं है, निश्चित रूप से? वहाँ कुछ भी नहीं है जो आपको जाने दे सकता है, आपको पता है!"

"तोह फिर?" कहा सेली। "क्या मैंने उसे करने की हिम्मत नहीं की? क्या मुझे भुगतान नहीं करना चाहिए? क्या यह नहीं है जैसा कि आप कहते हैं? मैंने आग खींच ली है!" उसके स्वर की आश्चर्यजनक गंभीरता के बीच एक सबसे हर्षित हंसी अचानक टूट गई। "तुम्हारी बातें इतनी मिली-जुली हैं," वह हँसा। "खींचा-खींचा? क्या ऐसा नहीं है, क्योंकि मजबूत बैंक कहेंगे, दक्षिण की एक महिला द्वारा सुलझी केजेलैंड को मिसकैरेज से वापस ले लिया गया है? लेकिन मैं इस एमेरिका को स्वीकार करता हूं!" वह निश्चिन्त होकर मान गई। "हर कोने के आसपास हमेशा कुछ ऐसा होता है जिसकी उम्मीद आपको पहली बार नहीं थी जब आपने उस कोने को कर्ल किया हो।"

"हाँ, मुझे पता है," युवा डॉक्टर ने स्वीकार किया। "लेकिन इस मोंटेसरी अध्ययन और सब कुछ के बारे में क्या? क्या आप इसे चक करने जा रहे

हैं? और छोटा भाई? छोटा बच्चा नहीं है?" उसने असली अफसोस के साथ पूछा।

"यह सब रखना होगा," सॉल्टी ने कहा। "यह केवल वही है जो यह प्रतीत होता है, कि पास होना चाहिए।"

"ओह, लेकिन मिस केजेलैंड याद आती है," युवा डॉक्टर ने जोर देकर कहा, "यह पूरी बात बेतुकी है! - मेरा मानना है कि आप इसे पूरी तरह से बना रहे हैं, सिर्फ एक मजाक के लिए! अगर आप घर जा रहे हैं तो अगले दिन दोपहर को दोपहर हो सकती है ' मैं इधर-उधर आता हूँ और तुम्हारे साथ बाहर की बात हँसी करता हूँ?

"अगले रविवार की दोपहर?" उंगलियों के दिनों को गिनने के लिए एक पल के लिए रुकने वाले के तरीके के साथ मसला हुआ सूजी। "और यह अब, यह मिनट, एक दिन है?" उसने सवाल किया, अभी भी सट्टा।

"हाँ," युवा डॉक्टर ने सहमति व्यक्त की।

"नहीं! यह संभव नहीं होगा!" कहा सेली। "मैंने छोड़ा!"

"हाँ, लेकिन कब?" युवा डॉक्टर से पूछा।

"अब," सेली ने कहा। "पहले से ही यह है कि मैं दरवाजे पर टैक्सीब को जोड़कर सुन सकता हूं।"

"क्या न?" युवा डॉक्टर रोया।

"नदी के नीचे!" है सिपाही की स्पष्ट युवा आवाज। "नदी के नीचे, डॉ। सैम। केंड्रे!"

एक विशाल ग्रे-ब्राउन आश्चर्य बल्ब की तरह उत्तरी सर्दियों को इस प्रकार धूप में सुखाया जाता है, एक नए यॉर्कर पुलमैन का शानदार फोर्सिंग फ्रेम पूर्ण गंध और महिमा में खिलने के लिए केवल एक दिन, दो दिन, तीन दिन बाद कुछ दक्षिण-पूर्व में स्वागत करता है ।

अगर सेल्जी केजेलैंड चकित था, हालांकि, पहले धुंधले स्थानों पर, जो उसकी बर्फ़ीली-अभ्यस्त आँखों से मिली थी, केवल यह कहना उचित है। हर तरह के दक्षिण-पूर्व के अपने सभी वर्षों के अनुभव में ने कभी भी किसी भी चीज को नहीं देखा था जो उसे हल करता है जितना कि केजी केलैंड की दृष्टि।

अपने महान महोगनी बिस्तर में अपने अजीब-अजीब बेड-पाइरेट्स और नाविक और सायरन के साथ असहाय रूप से झूमते हुए, बीमार महिला छत से पियाजा रेलिंग तक और पियाज रेलिंग से सुस्त ग्रे समुद्र तक खाली घूर लेती है जब दृष्टि पहली बार फट जाती है। उस पर।

"क्यों-क्यों-मार्था!" वह अपनी बहरी महिला के लिए चिल्लाया। "वहाँ एक चमकदार नीली लड़की है, जो नाव में बैठी हुई है! और कोई भी नहीं लड़ रहा है! वे साथ ही आ रहे हैं, मेरा मतलब है कि स्कैडिंग और लड़की इंजन चला रही है!"

दृश्य में अपनी स्वयं की त्वरित नज़र से बहरी महिला की उत्तर देने वाली आवाज़ शांत रूप में वापस आ गई, जैसे कि एक पुराने अक्षर की आवाज़ के रूप में डी-मैग्नेटाइज्ड।

"आपने एक लड़की को आने के लिए भेजा, मुझे विश्वास है," बहरी महिला ने कहा।

"हाँ, मुझे पता है," फंसे । ठुमके लगाना। "लेकिन मैंने शायद ही एक पल के लिए सपना देखा था कि वह वास्तव में होगा!"

"क्या न?" बहरी औरत ने कहा।

"कभी नहीं सपना देखा था कि वह - होगा!" बार-बार । के रूप में वह आर्थिक रूप से कर सकते हैं गैलियन ।

"सबसे ज्यादा चीजें जो आप भेजते हैं - आने लगती हैं," बहरी औरत को बिना किसी मतलब के नीरस। "जापानी बोरिक-ए-ब्राक के अंतिम बॉक्स

या फ्रेंच वेडिंग गाउन या नए-नए अग्निपीड़ित कुकर के लिए स्टोर रूम में अब कोई जगह नहीं बची है। हम लड़की को कहां रखेंगे?"

"फायरलेस कुकर में!" बोले । ठुमके लगाना।

मार्था के चेहरे पर अस्पष्ट परिचित मुस्कान से यह स्पष्ट था कि उसने सुझाव के शब्दों को नहीं बल्कि आत्मा को महसूस किया।

हालांकि अगली दिशा चौंकाने वाली स्पष्ट थी। एक बहुत अचूक इशारे के साथ। टोल गैलियन ने सीढ़ियों की ओर इशारा किया।

"मरथा! इसके पास जाओ!" वह चिल्ला रही है।

एक व्यक्ति जो बिस्तर की आवाज़ों में झूठ बोलता है, वह आवाज़ों के मालिकों की तुलना में बहुत तेज़ यात्रा करता है। समय और शोर की एक अनंतता के माध्यम से जो लग रहा था, बोट-कील्स ग्राउंडिंग, पुरुष बड़बड़ाते हुए, लड़कों को चिल्लाते हुए, महिलाओं को चीखते हुए, बीमार महिला घबराहट के एक बहुत ही बोधगम्य कंपकंपी के साथ अपने तात्कालिक परिवेश के अकेले में इंतजार कर रही थी। उसकी रीढ़।

के रूप में अगर के रूप में अच्छी तरह से
के रूप में के रूप में अगर वह एक नया कुत्ता या बिल्ली, गया था शांत रूप में। टोम गैलियन ने दृष्टि और घोषणा दोनों के लिए अपनी आँखें संकुचित कर लीं

फिर सभी की चमक और एक झटका और नाटकीय रूप से असभ्य जैसे कुछ शानदार युवा लंबी पैदल यात्रा में एक लड़की के नीले और अल्ट्रामॉडर्न रेन-कोट में घुसा हुआ है, अजनबी बिस्तर के पैर में अचानक से मारा गया है जिसमें मार्था की श्वेत आकृति है जो हर चमकती है। नीले और सोने के सिल्हूट की स्पंदन और रेखा।

"मैं आ रहा हूँ!" कहा सेली केजलंद

के रूप में अगर वह एक नया कुत्ता या बिल्ली गया था के रूप में अच्छी तरह से। टोम गैलियन ने दृष्टि और घोषणा दोनों के लिए अपनी आँखें संकुचित कर लीं।

"निश्चित रूप से आप बहुत अच्छे दिखने वाले युवा हैं!" वह अंत में मान गई। "लेकिन इस तरह के एक अप्रिय नाम से! क्या इससे उबरने का कोई रास्ता नहीं है?"

"इस पर काबू करो?" एक ही छायांकित पल के लिए हल किया गया। "ओह, यह सबसे आसान है," वह उज्ज्वल, लगभग एक ही बार में। "यह वैसे ही है जैसे यह था।

"आप मुझे 'एलिजाबेथ' कह सकते हैं," श्रीमान ने कहा। एक बरौनी के झिलमिलाहट के बिना ।

"ई-ले-सा-बट?" बार-बार लड़की को बेरहमी से पीटना।

"ओह, मुझे लगता है कि कर देगा," आह । टॉमी गैलीयन, अपने तकिए पर थोड़ा ऊपर तक संघर्ष करती है। "लेकिन दुनिया में जो कुछ भी तुमने बनाया है?" उसने तीखा जवाब दिया।

लेकिन अगर सवाल ठंडे पानी के पानी के छींटे की तरह था, तो उस पर हल की प्रतिक्रिया कम से कम एक बतख की पीठ की प्रतिक्रिया थी।

"तुम्हारा मतलब है कि तुम वास्तव में मुझे नहीं चाहते थे?" वह शिकार किया और फड़फड़ाया। उसकी आवाज़ परमानंद थी, उसकी आँखें सितारों की तरह।

"मैं निश्चित रूप से नहीं किया," कटा हुआ । की स्पष्ट उकसाने वाली आवाज।

"ओह, क्या खुशी और प्रतिशोध!" बीमी का हल "किस तरह की महिमा! शूटिंग कैंपिंग के रूप में उदास छोटी महिला के लिए है, और युवा डॉक्टर के लिए पियानो, -इस तरह मैं आप के लिए कर रहा हूँ! हम सभी

के लिए क्या होगा अभी तक देवताओं की गोद में है! हमें चुम्बन करते हैं! " उसने सुझाव दिया कि एक पुरस्कार सेनानी दूसरे को अपना हाथ दे सकता है।

"मैं, एक किसर नहीं कर रहा हूँ धन्यवाद," श्रीमती ने कहा। ठन्डेपन के साथ ठुमके लगाएं।

"तो-ओ?" लड़की को धीरे से समझाया। अगर उसकी आत्मा एक पल के लिए लड़खड़ाती है, तो उसकी नीली आँखें सौभाग्य से बक्से की बड़ी अव्यवस्था की तुलना में कम नहीं होती हैं, जो झुलसती हैं। हर दिशा में गैलियन का बिस्तर। "इतने सारे बक्से क्यों हैं?" वह अचानक एक मुस्कान के साथ पूछने के लिए देखा जो एक टैटार को निरस्त कर देता था।

"क्यों-क्यों वे सिर्फ कुछ चीजें हैं जो मैं हाल ही में खरीद रहा हूं," आराम से श्रीमती। तोम गैलियन कभी इतना थोड़ा। "यहाँ ऐसा करने के लिए बहुत कुछ नहीं है, कुछ दिन, केवल पत्रिकाओं के पीछे विज्ञापन पढ़ने के लिए और चीजों के लिए भेजने के लिए। मार्था इससे नफरत करती है!" वह मार्था के भावहीन चेहरे पर अचानक नज़र डालने के साथ गयी।

"ओह!" कहा सेली। और यह शब्द बक्से की प्रशंसा और मार्था के असंतुलन के बीच बिल्कुल समान रूप से विभाजित था।

लगता है कि बक्से ने अपने हिस्से को वैसे भी सुना है। एक विशाल भूरे रंग के कागज पैकेज पर स्ट्रिंग अचानक उभार के रूप में हालांकि सरासर उत्तेजना के लिए।

"मार्था आपको अपने कमरे में दिखाएगी," श्रीमती ने कहा। गैलन काफी अभेद्य रूप से। "और जो कुछ भी आप जार करने की कोशिश करते हैं, प्रार्थना करें कि आप अपनी ऊर्जा को जार मार्था की कोशिश में बर्बाद न करें। भविष्य के सबसे दयालु स्वभाव से उसकी संवेदनाएं पिछले बीस वर्षों से एक कपास बल्लेबाजी चुप्पी में लिपटी हुई हैं। आप समय के साथ सीख सकते हैं। मुझे समझो, "वह अपनी पहली दयालुता से बेहोश मुस्कुराया। "लेकिन तुम कभी भी मार्था को नहीं समझ पाओगे। रात के

खाने के बाद मेरे पास वापस आना, अगर तुम चाहो तो। और अगर तुम्हारे पास है तो कुछ नीला पहनना। मुझे तुम में नीला पसंद है।"

यह लंबे समय के बाद रात का खाना था जब घोला गया। लेकिन कम से कम वह नीले रंग में था, और एक बहुत ही साफ और ट्रिम नीला वह था और अनिवार्य रूप से अपने नरम कॉलर रोलिंग नाविक के साथ-साथ उसके पतले गले से लिपटे हुए थे। नावों और समुद्र तटों की सर्दियों की नवीनता के साथ एक काफी खपत की तरह, बोलने के लिए सौ नए उत्साह से भरा हुआ, वह द्वारा कम फुटस्टूल पर गिरा दिया गया। की तीखी, धुँधली, हल्की लकड़ी की आग, और उसके नीले कोहनी के साथ उसके नीले घुटने और उसकी सफ़ेद ठुड्डी उसके सफ़ेद हाथों में जकड़ी हुई, उसकी परिचारिका को देखकर चौंकी बैठी थी। जवानी का सारा बेदम महत्व उसके चेहरे पर था। युवा अपनी सर्वश्रेष्ठ आत्म अभिव्यक्ति के लिए अनंत काल तक संघर्ष करते रहे। लेकिन जब वह बोली, तो एक ही वाक्य उसके होठों से फूट गया।

"उस बड़े भूरे बंडल-बॉक्स में क्या था जो इतना फट जाना चाहिए?" उसने एक अचानक योगिनी से पूछा।

लेकिन सवाल से परेशान होने के बजाय, । टोम गैलियन इसके विपरीत होने के बजाय लग रहा था।

"आपको बक्से पसंद हैं?" उसने अपनी भौंहों की एक विचित्र विचित्र लिफ्ट के साथ पूछा।

"बक्से?" सुलझी हुई लौ "यह नए दिन की तरह है! जब तार टूट जाता है - यह सुबह है! 'फिर उसमें क्या होना चाहिए?" दिल कूदता है। अभी तक क्या है जो आएगा? "

"ओह, प्रिय मुझे," मुस्कराते हुए कहा। ठुमके लगाना। "अगर आपको ऐसा लगता है कि इसके बारे में सभी तरह से आते हैं और इसे खोलते हैं। मैं खुद को भूल जाता हूं कि इसमें क्या है, बहुत सारे हैं। पागल हो सकता है," वह हंसी, "या एक नया कालीन स्वीपर। या एक सेबल मफ भी।"

एक बच्चे के सभी उत्सुक उत्सुकता के साथ केजेलैंड ने रहस्य की जांच करने के लिए छलांग लगाई, और एक बिल्ली का बच्चा खुद को सबसे बुरे क्षण में गायब कर दिया जैसे कि अंतरंगनीय पीला रंग के टिशू पेपर में पल भर के लिए गायब हो गया, केवल उच्च लुभावनी, भड़कीली ऊंचाई पर अंतिम ब्रांडिंग में उभरने के लिए। कुल मिलाकर सबसे छुपा हुआ हाथ से कशीदाकारी सोफा तकिया, जिसे मानव आंखों को कभी भी सोचने के लिए मजबूर किया गया था।

"यह पागल नहीं है," सेली केजेलैंड ने कहा। एक और पल में उसने तकिया को अपने स्तन से पकड़ लिया था। "ओह, कैसा खौफ है!" वह हंसी। "और कितनी प्यारी है? क्या यह काम है," उसने मांग की, "एक अंधे की? या एक पागल की? या एक अंधा और पागल दोनों की?" हंसी और सवाल का पीछे एक ईमानदार और अचूक चिंता थी।

"एक पादरी की विधवा उन्हें बनाती है," कन्फर्म। ठुमके लगाना। "अलबामा में किसी ने, - एक देश के समाचार पत्र में विज्ञापन देखा था। मैं उस तरह के मनोरंजन के लिए पूरे देश के समाचार पत्रों को लेती हूं," उसने थोड़ा सूख गया। ऐसा लगता है कि दुनिया में बहुत से ऐसे बंगले हैं जो थोड़े से पैसे कमाने के लिए इतनी मेहनत कर रहे हैं। मेरा मानना है कि यह महिला अपने लड़के को कॉलेज भेजने की कोशिश कर रही है।

तकिया के साथ तेजी से बढ़ाकर पूर्ण हाथ की लंबाई में हल करने के लिए एक क्षण के लिए बैठी अराजक कढ़ाई से लेकर एमआरएस तक। तोम गैलियन पूरी तरह से बना चेहरा।

"क्या कोई लड़का किसी अच्छे व्यक्ति के पास आ सकता है, जिसे इस तरह से एक तकिया पर कॉलेज जाना चाहिए?" उसने उतावलेपन की माँग की, जबकि उसके मुँह के सभी हँसते हुए टुकड़े अचानक उसकी आँखों में आँसू के खतरे को दूर करने के लिए पहुँच रहे थे। एक बार फिर उसने तकिया को अपने स्तन पर जकड़ लिया। "ओह, यह पुल जो दूसरे के जीवन में बनाता है!" वह रोई। "क्या आप सभी को एक साथ नहीं देख सकते हैं, घर, सूनापन, कोई भी सामान कहीं भी ठीक सामान के साथ तुलना करने के लिए नहीं। लड़का इतना पतला, इतना गोरा, इतना

उत्सुक शायद, इसलिए हर सिलाई देख रहा है! सबसे भयानक मैजेंटा?" अच्छा भगवान की कृपा से हो सकता है कि लैटिन के लिए एक मौका? कि चिल्ला संतरे? यह मानवीय रूप से संभव हो सकता है कि इतिहास और जूते के रूप में बहुत खुश हो सकता है अभी तक लैटिन के साथ एक ही दुनिया में हो सकता है? सुई के साथ? तो आशाओं के साथ सेवन किया गया-

"आप - आप इसे देखते हैं, क्या आप?" खींचा हुआ । ठुमके लगाना।

"इसे देखें?" सुलझी हुई लौ "मैं यह हूँ!" एक के इशारे के साथ जिसने अचानक अपनी भावना को छिपाने के लिए वह कमरे के दूसरी तरफ अचानक घूम गया। "फिर और क्या है?" उसने पूछा, सभी हँसी और शरारत फिर से। "वह बॉक्स इतना लकड़ी का है, इसलिए सबसे ऊपर का भंडाफोड़ हुआ है? क्या वह भी कुछ अन्य लिविंग्स का पुल है?"

"अगर आप इसे कॉल करना चाहते हैं," सिर हिलाया। ठुमके लगाना। पता लगाने के लिए एक स्पष्ट रूप से विचित्र आमंत्रण था।

सॉल्टी को निश्चित रूप से आग्रह करने की आवश्यकता नहीं थी महान लकड़ी के बक्से से पहले अपने घुटनों पर एक और पल में, वह धीरे-धीरे एक्सेलसियर के वार्डों से निकाल रहा था, सबसे अधिक नाजुक और पारदर्शी फ़िरोज़ा नीले चीन के टुकड़े के बाद सोना और हवा में उड़ते हुए समुद्री गुल्लों के साथ बह निकला। एक बड़ा नाश्ता कप था, और एक मध्यम आकार का नाश्ता कप, और एक बड़ी प्लेट, और एक मध्यम आकार की थाली, और एक अनाज तश्तरी और एक और अनाज तश्तरी, और एक सबसे छोटा सा कॉफी पॉट और अन्य सभी परिचारक और परिचारक परिचारकों के लिए जो फैशन एक सेवा के उस प्रकार के लिए प्रदान करता है।

"ओह, यह तो परियों के लिए है?" हांफता हुआ हल। "या एक राजकुमारी?" चतुराई से वह बोली के रूप में वह उसे करने के लिए कागज की एक महान सफेद चादर खींच लिया और इसे कपड़े के रूप में फर्श पर फैला दिया। "नहीं न!" उसने जल्दी की। "यह प्रेमियों के लिए है? देखें? नए घर का पहला नाश्ता?" जितनी सावधानी से वह तितली के

पंखों को संभाल रही थी, उतने में वह दृश्य को चित्रित करने लगी थी, बड़ी प्लेट, यहाँ मध्यम आकार की प्लेट, एक आदमी की कोहनी-कमरा, इस प्रकार, एक महिला की शिथिलता, इसलिए! अपने स्वयं के दृश्य की सरलता में उसने दुल्हन के कप को अपने होंठों तक उठा लिया और उसमें से एक परमानंद का मसौदा तैयार किया।

"मोचा या जावा?" नकली । ठुमके लगाना।

"आनंद!" कहा सेली केजलंद

अचानक गर्भपात के लायक होने पर लड़की धीरे-धीरे अपने घुटनों पर बैठ गई और इस तरह घुटने टेक दिए कि वह बहुत सोच समझकर घूरने लगी।

"तो यह है इन सभी बक्से के साथ?" उसने पूछा। "कि इस रेगिस्तान द्वीप से झूठ बोल रही है ताकि आप अन्य लोगों के जीवन के लिए लगातार ऐसे छोटे पुल बना सकें। समय के साथ, इसका मतलब है, जैसे ही आपको उनके साथ भाग लेना चाहिए, आप इन सबसे अधिक स्वादिष्ट व्यंजनों का निर्माण करेंगे। कुछ युवा खुशी? लेकिन क्या ऐसी युवा खुशी कभी भी मुसीबतों को पार कर लेगी? " उसने अचानक उग्रता के साथ मांग की। "वह यह है, मैं कहता हूँ! यह एक है! शायद एक चुभने वाला नोट! एक प्रशंसा-आप इतने बड़े होने के लिए! लेकिन क्या वे कभी भी यह बताने के लिए अधिक देर से लिखते हैं कि उपहार अभी भी अच्छी तरह से है, कि इसने नया आनंद दिया है कि बहुत सुबह शायद, कि अभी भी एक महीने के बाद, छह महीने, बीस, यह अभी भी बहुत प्रिय है?

"उनके पास कभी नहीं है," श्रीमती ने स्वीकार किया। ठुमके लगाना।

पूरी तरह से अप्रासंगिकता में लड़की अपनी एड़ी पर वापस आ गई और अपने स्तन पर अपनी बाहों को पार करके खुद को खुशी से झूमने लगी।

"ओह, मैं इस जगह से प्यार करता हूँ!" वह मान गई। "मैं इसे प्यार करता हूँ! और अगर तुम मुझे रखना चाहिए," वह मुस्कराते हुए कहा। "और मुझे काफी सुखद होना चाहिए, -यह एक लॉन घास काटने की मशीन है

जिसे मैंने कल के पेपर में पढ़ा था! यह सबसे अद्भुत है, और गैसोलीन द्वारा चलता है, ताकि सभी को गायन के लिए गायन का पालन करना पड़े। क्या आप ऐसे भेज सकते हैं? "

"एक लॉन घास काटने की मशीन?" सूँघा । ठुमके लगाना। "आपने देखा, मुझे विश्वास है, कि इस द्वीप पर कोई भी अच्छी घास नहीं थी?"

"हाँ, यह सबसे ज्यादा है," स्वीटी ने स्वीकार किया। "न तो समान रूप से कोई युवा खुशी या नंगे पैर के लड़के लैटिन के लिए बना रहे हैं, लेकिन अगर हम ऐसे लॉन घास काटने वाले और इसकी अद्भुतता के साथ थे, तो हम कम से कम दिमाग में हरे रंग के लॉन बना सकते हैं।"

"हल!" बोले । टोम , "मैं डर है कि मैं आप की तरह करने जा रहा हूँ हूँ! लेकिन इससे पहले कि मैं वास्तव में अपने आप को प्रतिबद्ध है," वह सिकोड़ी, "मैं तुम्हें एक सवाल पूछना चाहता हूँ। आप अजीब युवकों दे की आदत में हैं तुम्हें चूम?"

"क्या न?" घुल-मिल गया।

बहुत महत्वपूर्ण है। तोम गैलियन ने सवाल दोहराया। "अजीब जवान आदमी?" उसने इसे संशोधित किया। "आप अजीब युवकों दे की आदत में हैं तुम्हें चूम?"

"ओह!" सुलगी हुई। "यह तो युवा डॉक्टर है कि आप का मतलब है? क्या ऐसा था कि वह इस तरह आप को कबूल कर लिया?" उसने थोड़ा घबरा कर सवाल किया। "वह शर्मिंदा था, इसलिए चिंतित था, मैंने अभी नहीं सोचा था कि उसे बताना चाहिए। हाँ, ऐसा है जैसे आप कहते हैं कि वह एक सबसे अजीब युवा है।"

"हाँ, लेकिन आप?" लगातार । ठुमके लगाना। "आपको इसके बारे में कैसा लगा? मैं यही जानना चाहता हूँ!"

"मुझे कैसा महसूस करना चाहिए?" हंसी सुलझी। "यह इतना पागल क्यों था, मैं इतना मजबूत था, मैं उसे कदमों से कुचल सकता था! और फिर

अचानक मुझे उसका चेहरा दिखाई दिया! हल हो गई। "मेरे एक पिता और नौ भाई हैं और सारी दुनिया पुरुषों से भरी हुई है! यह ऐसे चेहरे से नहीं है जैसा कि युवा डॉक्टर के पास है कि कोई बुराई आनी चाहिए। जैसा मैंने कहा है वैसा ही है, एक बहुत ही दुखद दुर्घटना!"

"यह दुर्घटना के दुख की बात नहीं लगती है जो आपके दिमाग में सबसे लंबे समय तक रहती है," ड्रॉ किए गए एमआरएस। ठुमके लगाना।

उसकी ठोड़ी की नोक-झोंक के साथ और उसकी आँखें सितारों की तरह लड़की ने नाराजगी की झड़ी के बिना व्यंग्य से मुलाकात की।

"नहीं न!" वह हंसी। "यह दुर्घटना का दुख नहीं है जो मन में सबसे लंबे समय तक रहता है!"

"ओम्-एमएमएमएम," म्यूरुड एमआरएस। ठुमके लगाना। "सभी समान," वह तीखेपन के साथ फिर से शुरू हुई, "मुझे निश्चित रूप से लगता है कि यह सबसे क्रूर था, सबसे क्रूर, मेरे साथ यहां यात्रा करने के लिए नहीं! इसने उसे अच्छा किया होगा," उसने जोर देकर कहा। "बस यह केवल बदल रहा है! वह बहुत गंभीर है!"

"ओह, लेकिन वह गंभीर होने में मदद नहीं कर सकता है," घबराते हुए सुलगी। "वह बहुत गरीब है और इतनी वांछित चीजें हैं! उसे अभी तक कैसे प्राप्त करना चाहिए सिवाय उन सभी सच्चाई के सबसे दुखद के करीब रहकर जो आगे बढ़ने का एकमात्र तरीका है कि वह पीछे रह जाए और किसी के व्यवसाय में भाग ले सके?"

"हल!" पूछा। गैलन काफी अचानक। "क्या आपने किसी भी तरह से इस धारणा को पा लिया है कि युवा चिकित्सक था- मेरे छोटे विधवा मित्र की ओर सभी को आकर्षित किया गया था?"

"ओह, एक ज़मानत!" हल हो गई। "वह मुझे लगता है कि कोई भी उसका 'पागल' कहेगा।"

"ओह, मैं शायद ही आशा करने की हिम्मत करता हूं," मसल। ठुमके लगाना। "लेकिन निश्चित रूप से-" कुछ दूर की अटकलों में वाक्य अचानक मौन में बंद हो गया। "वह निश्चित रूप से किसी दिन बहुत अमीर होगी, मुझे लगता है," वह कुछ जल्दबाजी में फिर से शुरू हुई। "मुझे लगता है, मैं उसे अपना वारिस बनाऊंगा।"

"तोह फिर?" कहा सेली केजलंद

"हल!" बोले । टोल गैलन अचानक उछाल के साथ। "किसी के व्यवसाय में भाग लेने की बात करना," अगर आपको यहां रहने और मुझे अपना व्यवसाय बनाने का निर्णय लेना चाहिए, तो आपको क्या लगता है कि आप मेरे लिए क्या कर सकते हैं? "

"ओह, मैं जोर से पढ़ सकता था," तुरंत हल किया। "और मैं इस प्रकार बक्से खोल सकता था! और मैं कमजोर नाव चला सकता था!" वह तेज और चमकती हुई। "और यह भी अगर यह सबसे अच्छा लग रहा है मैं नीली लड़के की गर्दन से नीले फलालैन साफ़ कर सकता है!"

"पूरी तरह से - वास्तव में एक स्थिर रोजगार के रूप में," स्वीकार किया। तोम गैलियन, "मान लीजिए कि हम जोर से पढ़ना शुरू करते हैं।

"ओह, मैं इस जोर से पढ़ रहा हूँ!" हल हो गई। "इतना नाटकीय है कि आप कहते हैं? इतना इरादा?" पूर्ण आत्म-आश्वासन के साथ उसने एकमात्र पुस्तक पहुंच में ले ली, यह "गोल्डन ट्रेजरी" हुआ, और सरासर मनमौजीपन से बाहर निकलकर सबसे बड़ी दिखने वाली कविता का चयन किया जो उसे मिल सकती थी। "यह एक ' होना चाहिए, क्या यह है कि आप इसे कहते हैं?" वह मान गई। "और यह के बारे में है - मैं इस तरह के शब्दों को नहीं जानता," वह केवल एक सेकंड के लिए लड़खड़ाया और पृष्ठ पारित कर दिया। ठुमके लगाना।

"ओह," श्रीमती ने कहा। टोम गैलियन, "वर्ईसवर्थ, आपका मतलब है। 'बचपन की याद से अमरता की सूचनाओं पर आधारित।"

"तोह फिर?" सुलझी हुई बात "यह सब; यह निश्चित रूप से एक काव्य ध्वनि नहीं है, लेकिन अधिक-बाद में शायद यह बताएगा। बाकी सभी सबसे आसान लग रही है।

"कुछ समय था" (वह शुरू हुआ) "जब-जब

घास के मैदान, घास, भी धाराओं,

"पृथ्वी और पूरी तरह से साधारण चीजें

"मेरे लिए किया था - लगता है

"एपी-हैरान-" मुझे वह शब्द नहीं पता है और

यहाँ एक और है- "-लेस-टायल लाइटिंग्स में,

"द -"

"हाँ-कोई भी एक बार देख सकता है कि आप एक उल्लेखनीय पाठक हैं!" मार डाला । तोम गैलियन की सबसे शांत, सबसे पतली आवाज। "यह तस्वीर जो हमारे लंबे वसंत शाम को एक साथ सुझाती है-

एक चौंका देने वाली झलक के साथ ऊपर की तरफ हलकी पहली बार बूढ़ी औरत की आंखों में वास्तविक चमकता हुआ नकलीपन का पता चला। "क्या है?" वह हकला गई। "क्या न?" अभी भी कुछ की तरह वह अपने पैरों के लिए संघर्ष से आहत से अधिक हतप्रभ है। "यहां तक कि पहली से भी," उसने सवाल किया, "क्या यह है कि आप मुझे खेल बना रहे हैं जब मैं उन चीजों को करने के लिए बहुत मेहनत करता हूं जो आपको खुश करेंगे? आपके माध्यम से, क्या आपका दिल फिर भी इतना क्रूर है?" उसने मांग की, "यह उलझन और दूर-दराज के घरों का मजाक बनाना चाहिए?"

"ओह, सूली!" बड़ी उम्र की महिला को अचानक रोया। "फिर से मुस्कुराओ! फिर से हँसो! मैं इसे सहन नहीं कर सकता! यह ऐसा है जैसे

सूरज मर गया! यह ऐसा है मानो चाँद चला गया हो! अगर तुम क्रोधित हो और मुझे छोड़ दो, तो मैं फिर से बस कोहरे के साथ अकेला रह जाऊंगा!" समुद्र! मैं एक जानवर हूँ, और मैं यह जानता हूँ! "ओह, मेरी प्यारी प्यारी छोरी छोटी गोरी लड़की!"

"मैं एक 'गरीब-गरीब छोटी गोरी लड़की' नहीं हूँ," कुछ भावना के साथ हल किया। "मैं वास्तव में जैसा कि मैंने कहा, बहुत युवा, बहुत मजबूत। और बहुत हँसी," उसने बिना मुस्कुराहट के दूर की झिलमिलाहट के बिना भी जोर दिया।

"क्या आप पर्याप्त युवा और काफी मजबूत हैं और यहाँ पर आने और मेरे बिस्तर पर बैठने के लिए पर्याप्त हँस रहे हैं?" रैलिंग। ठुमके लगाना।

"मैं काफी युवा और काफी मजबूत हूं और कुछ भी करने के लिए काफी हंस रहा हूं!" कहा सेली केजलंद

कठोर और कठोर के रूप में एक रोड्रोड वह चली गई और बीमार महिला के बिस्तर के किनारे पर बैठ गई।

आत्म-चेतना या शर्मिंदगी के परमाणु के बिना दोनों महिलाओं ने एक-दूसरे के चेहरे का अध्ययन करने के लिए फिर से शुरू किया।

"क्या मैं तुम्हारे पीले बालों पर हाथ रख सकता था?" पूछा। पिछले काफी आश्चर्यजनक रूप से गैलियन।

"आप मेरे पीले बालों पर अपना हाथ रख सकते हैं," सॉल्टी ने कहा।

"अगर मुझे मौजूदा सभी के लिए काफी शालीनता से माफी मांगनी चाहिए," प्रयोग किया गया। टोम थोड़ा आगे, "यदि आप अब चुम्बन करने के लिए तैयार हो सकता है?

"मैं कभी नहीं तैयार होना चाहिए," , "किसी भी होंठ कि की चखा को चूमने के लिए।"

"आप क्या करने को तैयार होंगे?" हिरन का मांस। ठुमके लगाना।

"आप मुझे क्या करना चाहेंगे?" थोड़ा आराम से कभी हल।

 के माध्यम से। के व्यस्त मस्तिष्क ने एक दर्जन संभव उत्तरों को खुद को दूसरे के खिलाफ परीक्षण किया।

"ठीक है, क्या आप मुझे एक छोटी सी कहानी बताने के लिए तैयार होंगे?" उसने सबसे होनहार के रूप में चुना।

"तुम एक छोटी सी कहानी बताओ?" सुलझी हुई गुत्थी। एक बार फिर उसका पूरा चेहरा संदेह के साथ गहरा गया।

"हाँ, मेरे छोटे से द्वीप के बारे में," जल्दबाज़ी में। ठुमके लगाना। "यह अंधेरा था जब मैं आया था और उन्होंने मुझे इस बिस्तर में डाल दिया। मैं अपना बिस्तर नहीं छोड़ता, तुम्हें पता है।"

"क्या न?" सुलझी हुई हल। "यह सबसे सुंदर छोटा द्वीप है, आपने इसे नहीं देखा है - जब से आप आए हैं?" सवाल के बहुत ही तनाव में सभी नीले अचानक उसकी आँखों के लिए अचानक वृद्धि करने के लिए लग रहा था, सभी गुलाबी उसके गाल के लिए। "क्यों एक गुस्ताखी," वह रोया, "क्या मैं आपको इस छोटे से द्वीप के बारे में बताऊंगा!" धीरे-धीरे एक पल के लिए उसने अपनी स्कर्ट को थपथपाया और अपने फिसले हुए पैरों को बार-बार हिलाया और अपने कॉलर को बंद करने वाली बड़ी रेशम की टाई से लड़खड़ा गई। तब काफी भौगोलिक रूप से उसने अपनी कथा शुरू की। "सबसे पहले," उसने समझाया, "यह एक छोटा सा द्वीप है।"

"वास्तव में, आप मुझे आश्चर्यचकित करते हैं," श्रीमती ने कहा। शुद्ध रूप से गैलन स्वचालित रूप से। "इतने सारे द्वीप वर्ग हैं।"

"और इस पर मछली हैं!" कथावाचक को देखा।

"ओह, निश्चित रूप से उस पर नहीं?" कंपकंपी लिए हुए । ठुमके लगाना।

"और सात राक्षसी हैं जिन्हें आप 'लाइव-ओक' पेड़ों को ग्रे दाढ़ी के साथ टपकाव कहते हैं, - यह सबसे भयानक है," कथावाचक ने कहा। "और

अकेले एक पेड़ में मैंने अपनी आँखों से सात सबसे अधिक लाल रंग के पक्षी और दो नीले पक्षी देखे हैं। और फिर भी एक और पेड़ में एक बढ़िया साँप है। — और साथ ही साथ जो आपको पोर्च ब्लू वायलेट के किनारे पर कॉल करना चाहिए आ रही है और छत पर जहां पनाह की नाव सोती है वहां एक हरे रंग की बेल है जो अभी तक पीली और मीठी होगी, मार्था बताती है और - और - "लड़की के लाल होठों के कोनों के चारों ओर एक बेहोश छोटी सी मुस्कान अचानक दिखाई दी। "और एक छोटा सा काला सुअर है, इसलिए घुरघुराहट!" उसने उत्साह के साथ घोषणा की। "और और--"

इसलिए मधुर, उत्सुक, पुनर्जीवित युवा आवाज़ तब तक चलती रही जब तक कि खुद को सोने का समय और मर्स की घोषणा करने के लिए मार्था प्रकट नहीं हुई। जिसका "सोने का समय" सालों से भूत और दर्शक का एक दर्जन था, इससे पहले कि वह नवोदित वियोलेट्स और फ़्लिपिंग बर्ड्स के एक बच्चे की तरह सपने देखने के लिए आधा अनिच्छुक था और एक चमक जो सोने के बजाय मिठाई की होनी चाहिए।

घंटे इतनी आसानी से एक दिन से बाहर गिरते हैं, दिन एक सप्ताह से बाहर होते हैं, एक महीने से सप्ताह!

 की चमक अपने अच्छे समय में आई क्योंकि प्रकृति ने विभिन्न प्रकार की चीजों को भी व्यवस्थित किया, मार्च हवाएं, मार्च बारिश, मार्च ज्वार, मार्च धूप।

अन्य चमत्कार भी आए जो निश्चित रूप से थे। दुनिया के सभी बड़े मौतों से प्रकृति की शानदार शॉपग के बजाए टोम गैलियन के ऑर्डिनिंग, और थोड़ा दयनीय, घर के बने उत्पादों से बैकवुड निपटान या अकेला प्रैरी।

एक बार और सभी समय के लिए एक गैरकानूनी अवैध रूप से जोर से पढ़ने के खतरनाक कार्य से छुटकारा पा लिया, सॉल्वी आया और एक युवा समुद्री हवा की तरह चला गया, हॉल के माध्यम से सीटी बजा रहा था, कमरे के माध्यम से गा रहा था, पूरे द्वीप पर घूम रहा था, पानी पर फ़ोलिंग कर रहा था। अगर यह उसे असाधारण रूप से चतुर और साहसी युवा नाविक के रूप में दर करने के लिए उचित था, तो यह केवल

उसे समान रूप से चतुर, समान रूप से कल्पना के स्थानों में साहसी स्वीकार करने के लिए उचित था। मार्था की चुप्पी में जानबूझकर मुस्कुराते हुए, हंसते हुए नाव के आदमी या लड़के पर हँसते हुए, पतले हाथ में और बाहर की ओर लहराते हुए। की संकरी समुद्र-नीली विस्टा, अंतरग्रही युगों की मुख्य भूमि से और दूर तक, या के फुट पर लंबे आरामदायक शाम के लिए ऊपर की ओर घूमती है। एक नए बॉक्स या किसी अन्य व्यक्ति के लिविंग में एक दूसरे के रूप में उनके आपसी जादू के रास्ते की कल्पना करने के लिए, गॉलियन के बिस्तर पर टोलिए, केजी केलैंड एक साथी के रूप में स्पष्ट रूप से एक सफलता थी।

फिर एक दिन मार्च में बहुत देर हो गई, या यहाँ तक कि पहली अप्रैल भी, कुछ ऐसा आया जो प्रकृति के अनुराग और आंशिक रूप से का था। हालांकि, सबसे अच्छी तरह से संबंधित एक के लिए एक आश्चर्य की बात है, है।

यह डॉ से एक पत्र था। और बहुत उत्तरी। जो भी नया यार्क सर्दी था वह स्पष्ट रूप से स्पष्ट था कि नया यार्क वसंत अभी भी अत्यधिक ठंडा था।

श्रीमती। तोम गैलियन,

प्रिय मैडम (पत्र ने कहा):

के रूप में यह मेरे लिए सबसे अच्छा लगता है बस इस समय । को दक्षिण की यात्रा के साथ उसके उपचार का पूरक होना चाहिए, मेरा इरादा उसका साथ देना है। इस तथ्य के मद्देनजर मैं आपको अगले दिन रविवार को फोन करने की स्वतंत्रता दूंगा। यह मानते हुए कि आपका द्वीप अनुभव आपके स्वास्थ्य के लिए फायदेमंद साबित हुआ है,

मैं तुम्हारा हूँ, आदि, आदि।

"उम-मिमी," मुस्कुराते हुए। ठुमके लगाना। लेकिन इससे पहले कि सुलझी के चेहरे में सुस्त, झल्लाहट, उसकी मुस्कान अचानक अधीरता में तेज हो गई। "क्यों निश्चित रूप से, समाधानी," उसने डांटा। "अपने सभी अंग्रेजी के साथ आप कम से कम यह समझ सकते हैं।"

"नहीं," एक पतली टखने से दूसरे तक सेली को स्थानांतरित कर दिया। "यह मुझे किसी भी समझ में नहीं आता है जो कुछ भी - चाहे वह डॉ। सैम केंड्रयू के मेर्स। केंड्रयू जो आता है या सिर्फ एमआर। केंड्रयू के मेस। केंडू?"

"ओह, बिल्कुल," रैलियों । तोम गैलियन के अच्छे स्वभाव। "शायद ही कोई उनसे अब तक शादी करने की उम्मीद कर सकता है, या शायद सगाई भी कर सकता है। लेकिन कम से कम उन्हें बहुत दिलचस्पी होनी चाहिए! अब आपके गरीब मेहनती युवा डॉक्टर के बारे में कैसे?" उसने ग्लानि की; "मेरी तरह एक गरीब बूढ़े ग्रे-बालों वाले, अपंग प्राणी के लिए सबसे तीखी छुट्टी नहीं ले सकता था! लेकिन जब उसे गायन-आवाज़ में एक लकीर के साथ कुछ छोटी नरम अंधेरे आंखों वाली बात आती है तो जलने का समय मिल गया है!"

"प्यार यकीन है कि कुछ मज़ाक है," स्वीटी ने स्वीकार किया।

"एक शरारत," सही । ठुमके लगाना।

"एक शरारत," सही विनम्रता के साथ दोहराया हल।

उसके दिन की बढ़ती मिठास से सपने साकार होते हैं। ठुमके लगाते हुए ठुमके लगाते हुए मेज पर कैलेंडर के लिए मूर्खतापूर्ण। सप्ताह का पृष्ठ नहीं फटा था, और न ही इससे पहले सप्ताह, अगर पूरे सच को पता होना चाहिए।

"क्यों, अच्छा अभाव!" उसने अचानक झटका दिया। "आज मंगलवार है!"

"तोह फिर?" घुल-मिल गया।

दोनों महिलाएँ एक साथ घड़ी की ओर बढ़ीं।

"मुख्य भूमि और उस ट्रेन को बनाने में आपको आधा घंटा लगेगा!" रोया । ठुमके लगाना। "और अच्छाई के लिए, अपने बालों को ब्रश करें! और उन पुराने समुद्री कपड़ों को बदलें।"

"मैं बालों को ब्रश नहीं करूंगा," सॉल्टी की तेज हवा से उड़ा हुआ सिर। "हमेशा यह मेरी प्राथमिकता है कि मैं इस तरह से इसे पहनूं और लटकाऊं! न ही मैं अपने दोस्त से इस पुरानी नीली जर्सी में कभी भाग लूंगा, और यहां तक कि - अगर सूरज यहां और मुख्य भूमि के बीच फीका नहीं होता है, तो मैं अभी तक तीन हासिल कर सकता हूं मेरी नाक पर नए झटके! "

"बहस मत करो!" धूमिल । ठुमके लगाना। "बस जल्दी करो!"

"यह केवल तभी होता है जब कोई व्यक्ति यह तर्क देता है कि उसके पास बहस करने का समय है," लड़की को मना लिया।

"ओह, अपनी बकवास बंद करो!" का आदेश दिया। ठुमके लगाना।

"फिर किसकी बकवास हमारे लिए छोड़ दी जाएगी?" सेल्फी "लेकिन इस तरह यह सब अतिरिक्त चिंताजनक नहीं है," वह अचानक सौम्यता के साथ बुलाया। "समय आपके विचार से हमेशा अधिक मोटा होता है! लेकिन दो ऐसे फैंसी फाइन पैकेज के लिए, जैसे मैं अब लाने के लिए जाता हूं," वह फिर से इतना थोड़ा डर गई, "चिलमची नाव वाले के चेहरे के लिए नाव में भी जगह नहीं होगी लड़के के पैरों के लिए अभी तक नहीं। यह अकेले मैं जोर देकर कहता हूं कि मुझे जाना चाहिए! "

"दया के लिए!" झल्लाहट । ठुमके लगाना। "मुझे परवाह नहीं है कि आप कैसे जाते हैं, अगर आप केवल जाएंगे!"

आगे की परेड किए बिना सीढ़ियों के लिए सॉल्टी शुरू हो गया। एक और मिनट में कुछ छलांग और स्लाइड के साथ वह सामने के दरवाजे पर पहुंच गया था। एक बार बाहर जाने के बाद, इस समय में एक और अधिक समय लगने लगा, जिससे बोटिंग मैन और लड़के को सुलझाया जा सका।

"यहाँ किनारे पर एकदम शांति से बैठी," उसने उन्हें निहारते हुए कहा, "इस तरह देखो कि कोई व्यक्ति किस तरह बिना किसी शब्द के साथ अलग-थलग है, लेकिन तेल लहरों पर नाव का प्रहार कर सकता है! सभी सवार हैं!" उसने उन्हें वापस बुलाया।

एक महान की तरह एक ठग के साथ, समुद्र के लिए चिल्लाने वाली बोटिंग हार्टथ्रॉब। बस एक क्षण के लिए फिर अंतिम संकेतन बिंदु पर प्रोवी ने बीमार महिला और बहरी महिला को पीछे छोड़ने में अपना हाथ उठाया, और मुख्य धारा की ओर अपनी खुद की अशुभ रूप से तेज हो रही युवा इंद्रियों को बदल दिया।

लेकिन जब जेट एयर पिकिनियों और मैगी हाउंड के दर्शकों के सम्मोहक दर्शकों के सामने एक छोटी सी विकराल नाव के साथ एक आधे घंटे बाद फैला हुआ मुख्य भूमि का घाट था, तब वहाँ केवल एक यात्री बेसब्री से इंतज़ार कर रहा था, और वह यात्री ड्रोन था।

"आप कैसे करते हैं, डॉ। सैम केंड्रयू?" कहा सेली।

"तुम कैसे करते हो, मिस करोली काजलंद?" मुस्कुराया डॉक्टर केंड्रे।

एक से अधिक चपलता के साथ एक व्यक्ति के लिए उम्मीद की हिम्मत हो सकती है जिसने अपने खून में इतनी सर्दी का दावा किया था, युवा डॉक्टर ने उसकी घाटी को छीन लिया, नीचे कूदने वाली नाव में कूद गया और धक्का दे दिया।

एक डूबते हुए रैनबोट और एक तैरने वाले स्वैग में भागने से बचने के लिए, सेटी को अपने इंजन को शुरू करने के लिए मजबूर किया गया, और तेजी से समुद्र की ओर निकला।

"तब आपकी श्रीमती कहाँ हैं? केंड्रयू?" उसने हवा और पानी की गोद के ऊपर एक सांस भरी।

"यह मेरी श्रीमती है। केंड्रयू है कि मैं प्राप्त करने के लिए आया हूं!" युवा डॉक्टर ने कहा।

एक छोटे से तेल के साथ में अचानक जहर कर सकते हैं, सेल्फी ने उस पर वही पुरानी घिनौनी नीली आँखें खोलीं।

"ओह, नहीं," उसने उसे मोहभंग करने के लिए जल्दबाजी की। "आपकी श्रीमती। केंड्रे अभी हमारे द्वीप पर नहीं है।"

"नहीं, बेशक वह नहीं है," युवा डॉक्टर ने हंसते हुए कहा। "और वहाँ एक अच्छा कारण है, और कारण है - क्योंकि वह नाव में यहीं है!"

"क्या न?" हकलाती हुई सुलगी। उन्मादी जल्दबाजी के साथ वह पहुंच में सब कुछ तेल के लिए अचानक शुरू हुआ। "क्या न?" उसने बार-बार दोहराया।

"मेरा मतलब है कि मैं क्या कहता हूं," युवा चिकित्सक ने कहा, और एक के रूप में एक हल्की चाल चली जो एक दूसरे पर एक तंग घुटने को पार करेगी।

एक मुहावरे के साथ अपने तानाशाही आतंक को कम करने वाले एक विदेशी के सभी आनंद के साथ, सॉलिसी ने पहले वाक्यांश पर छीन लिया, वह सोच सकती थी कि इसमें एक परिचित शब्द था।

"बैठ जाओ! तुम नाव हिला रहे हो!" वह चिल्ला रही है।

"मूर्ख!" युवा डॉक्टर ने कहा। "मैं एक बार पहले एक नाव में था!" काफी मनहूस ढंग से वह तब शुरू हुआ और अपने पुराने तरीके, विडंबना, मजाक को ठीक करने की कोशिश करने लगा। "वास्तव में, मिस केजलैंड," वह स्प्रे के एक महान बादल के रूप में डूबा हुआ था। "वास्तव में केजेलैंड को याद करते हैं, आप नावों के साथ भयानक हैं! ओह, लेकिन सॉल्वि," वह खुद के बावजूद फिर से टूट गया। "आप समझते हैं कि मैं क्या कहना चाह रहा हूं, अब नहीं?"

"नहीं, मैं नहीं," सुशी ने कहा कि उसकी महान नीली आँखों के साथ सीधे उसके घुमावदार बालों के घूंघट के माध्यम से आगे कुछ दूर फोकल बिंदु पर सिर्फ नाव की चुभती धनुष पर।

एक बार फिर स्प्रे के एक महान बादल ने युवा डॉक्टर को केवल अपने चकमा की चौड़ाई से याद किया।

"और यह कैसे होता है। सती ने अचानक आकाश से बाहर निकलते हुए पूछा।

"ओह!" युवा डॉक्टर ने कहा कि हंसमुखता का सबसे आश्चर्यजनक पुनरुत्थान। "क्यों-वह अपनी पार्टी के बाकी सदस्यों के साथ अपने नए बत्तख अंधे की जांच करने के लिए नीचे क्यों गई है। एक कार्यकाल है, ऐसा लगता है, जो, बल्कि, विवादास्पद है। आप शायद ही उसके साथ किसी अन्य शब्द का उपयोग कर सकते हैं, वह बहुत भयानक है। अनुभवहीन। वैसे भी यह उसके लिए एक मैत्रीपूर्ण दोस्ती है, हालांकि क्या टेनर एक उच्च बतख को निफ्टी के रूप में हिट कर सकता है क्योंकि वह एक उच्च नोट को हिट कर सकता है, निश्चित रूप से देखा जा सकता है।
"

"तोह फिर?" सेफी ने उदासीन ब्याज के साथ कहा। "और पियानो अच्छी तरह से है?"

"ओह, काफी अच्छी तरह से," युवा डॉक्टर ने स्वीकार किया। "लेकिन अगर कभी मैंने एक पियानो को देखा, जिसे माँ की देखभाल की आवश्यकता थी! तो मुझे इसे बाहर निकालना पड़ा, आप जानते हैं?"

"तोह फिर?" क्रॉनिकली सलाई की मधुर कम आवाज।

हालांकि यह आश्चर्यजनक था कि समुद्र कितनी जल्दी शांत हो गया। कम से कम अधिक स्प्रे नहीं था।

अंत में स्किर्टिंग राउंड के साथ छोटे द्वीप के किनारे पर आश्रय के बजाय नियमित रूप से लैंडिंग करने के लिए साहस के साथ उसका सामान्य

रिवाज था, यह वास्तव में ऐसा लग रहा था जैसे कि सिली अचानक उसके सामने आदमी को शांति देने की कोशिश कर रही थी। लाइव-ओक के पेड़ों की तैरती ग्रे काई निश्चित रूप से शांत थी, पक्षियों के कलरव, कीट के नरम, गर्म ड्रोन। बिना किसी व्यवधान के शब्द के साथ उसने नाव के नाक को तैरते हुए लॉग्स और खुरदरेपन के लगभग अनुचित तरीके से काट दिया, इस छापे पर कूदकर उसके पीछा करने के लिए युवा डॉक्टर को चकमा दिया।

लेकिन टर्फ पर अपने पैर के पहले नरम-गद्देदार थूंक पर यह खुद युवा डॉक्टर थे, जो मुखर चुप्पी तोड़ते थे।

"ओह, लेकिन सेल्फी!" उसने विरोध किया। "आपको पता चल गया है कि आप केवल एकमात्र हैं। केंड्रयू जो मुझे चाहिए!"

"तोह फिर?" शांत हल, उसकी नीली जर्सी कंधे पर एक अस्पष्ट उलझन भरी मुस्कान के साथ वापस झलकती है।

"ओह, ज़ाहिर है," युवा डॉक्टर टोर को स्वीकार किया, "अभी पहले ही मुझे पता नहीं था कि आप शायद ऐसा कर रहे थे - ठीक है, इसलिए असामान्य तरह का," वह बह गया, "और साहसिक और छोटी विधवा और सब कुछ के बारे में, आपने इसे पूरी तरह से स्पष्ट कर दिया है कि आपको मेरी ज़रूरत नहीं थी कि आप वास्तव में चले गए थे, मैं आधा इस तथ्य से जाग गया कि मुझे आपकी कितनी ज़रूरत थी! क्यों, सूली, तुम्हारे जाने के बाद शहर एक रोशनी के साथ धूसर कोहरे की तरह था, इसमें कोई रोशनी नहीं, कोई हँसी नहीं, कुछ भी नहीं! दिन एक हफ्ते लंबे थे, रातें, एक महीने! यह कोई आश्चर्य नहीं है कि मुझे ऐसा महसूस होना चाहिए मैं तुम्हें लगभग हमेशा और हमेशा के लिए प्यार करता था? क्यों, अगर यह मेरे काम के लिए नहीं था, और यह ज्ञान कि काम और काम केवल मुझे आपके पास ला सकता है- ओह, मुझे पता है कि यह अचानक और सब कुछ है! " वह सख्त बना रहा। "लेकिन लोग 'पहली नजर में प्यार' के बारे में इतने अनमोल वचन क्यों देते हैं और कभी भी 'पहली अनुपस्थिति के बारे में प्यार' पर कोई बात नहीं करते हैं! वह रो पड़ा।

उसके कुछ कदमों में ही वह लड़की अचानक रुक गई और मुड़ गई।

"लेकिन यह क्या अच्छा है जो मुझे समझना चाहिए?" उसने अपने हाथों से थोड़ा आकर्षक इशारा करते हुए पूछा। "मेरे दूर के मार्ग में यह नहीं है कि मैं अभी भी छोटे भाई का कारण हूँ? और यहाँ?" वह हैरान, "मैं अभी तक एलिजाबेथ कैसे छोड़ सकता हूं?"

"एलिजाबेथ?" युवा डॉक्टर से पूछताछ की।

"श्रीमती। टोम गैलन," लड़की को समझाया।

"एलिजाबेथ?" युवा चिकित्सक के बढ़ते विस्मय के साथ। "तुम्हारा मतलब है कि तुम ऐसे दोस्त हो?"

"हाँ," लड़की को सिर हिलाया। "मैं ऐसे ही दोस्त हूँ।"

उसके चेहरे धूप और छाया की प्यारी ईमानदारी पर रुक-रुक कर टिमटिमाता रहा। धीरे-धीरे उसकी नीली आँखें टूट गई। उसके चमकीले सोने के बाल ज्योति की तरह थे। उस सभी धूप में, गायन द्वीप में उसकी तरह कोई चमक नहीं थी जब तक कि शायद वह नीले पक्षी नहीं थे जो उसके आगे ग्रे काई से चमकती थी।

"मैं छोटे भाई को नहीं छोड़ सकती," उसने कहा। "और न ही मैं एलिजाबेथ छोड़ सकता हूं।" यद्यपि वसंत की अपनी मीठी मुस्कान के कारण उसका पूरा चेहरा अचानक खुशी से झूम उठा। "न तो अभी तक। — मैं बहुत लालची हूँ!" उसने रोते हुए कहा, "और न ही मैं तुम्हें छोड़ सकती हूं!"

सभी अनजान तब । या यहां तक कि मरथा तक, वे सीढ़ियों से लेकर आखिर तक तक चलते हैं। के कमरे में, जहाँ गरीब युवा डॉक्टर उसके पीछे अज्ञानतावश जमा हो जाते हैं, उसे अपने नाटकीय प्रवेश के लिए अपने स्वयं के सनकी उद्देश्यों के लिए चुना गया।

"आपके लिए शुभ दोपहर, फिर, एलिजाबेथ!" वह बिस्तर पर बेसुध बीमार महिला की तरफ लापरवाही से झपटी। "यह एक ज़मानत है

'एक बार जब घास का मैदान, घास, भी धाराओं,

मुझे लगता है - किया

ए - आकाशीय बिजली में ! "

"क्या न?" हांफता हुआ। ठुमके लगाना। "क्यों, क्या तुम्हारे गाल इतने लाल हो गए?" उसने अचानक मांग की।

"मैं फिर से चूमा गया," कहा।

"क्या न?" बोले । टॉम गैलियन।

"वे नहीं आए," सॉल्टी ने कहा। "जैसा आपने सुझाव दिया, वैसा कोई केंड्यूज़ संयोजन नहीं है। कुछ नहीं आया!" कहा सेली। "मेरे लिए सिर्फ एक बड़े पैकेज को छोड़कर!"

"तेरे लिए?" डूबे हुए मौ। ठुमके लगाना।

"मेरे लिए!" हल हो गई। "और हालांकि यह अभी तक बताना कठिन है कि इसमें क्या लिविंग्स होंगी - इससे कम से कम बहुत प्यार हो सकता है।"

"क्या न?" हैरान हो गए । ठुमके लगाना।

"यह बात है!" कहा सेवी, और युवा डॉक्टर को कमरे में घसीटा।

"क्या न?" चिल्लाया । ठुमके लगाना।

"यह मेरे लिए है? आप समझते हैं?" लड़की को मार डाला।

युवा हकीकत को पलटने वाली प्रेरक हँसी में, वह इस समय सूचना नहीं थी। ठुमके लगाना

लेकिन मौसियों में किसी भी तरह की हँसी नहीं थी। टोम गैलियन का चेहरा, केवल झटका, और सबसे उग्र क्रोध।

"तो यह इस प्रकार है कि तुम मुझे धोखा दे रहे हो?" वह हल करने के लिए रोया। "यह सब समय है कि आप जानते थे कि मेरा दिल क्या तय किया गया था, मेरी उम्मीदें, मेरी हर चीज! यह सब इस समय कि आप मेरे घर में मेहमान हैं! और मैं किसी भी तरह से सुरक्षित हूं -"

"ओह, अब सच में, गैलन!" युवा चिकित्सक की गंभीर, कड़क आवाज को बीच में रोक दिया।

"ओह, क्या बकवास है!" हंसी सुलझी। "कहीं भी कोई दोष नहीं है - जब तक यह इस मोंटेसरी सिद्धांत के लिए नहीं होना चाहिए; पूरे व्यापक दुनिया से बाहर यह नहीं है कि एक बच्चे को अपनी इच्छा से गुरुत्वाकर्षण करना चाहिए? यह उसके लिए नहीं चुना जा सकता है?"

उसके बाद सभी युवा हँसी उसके चेहरे से चली गई और वह अपने पतले भूरे रंग के हाथ को युवा डॉक्टर के आश्वस्त आलिंगन तक पहुँच गया और उसे बिस्तर पर ले गया।

"एलिजाबेथ," उसने कहा। "आप अमीर हैं और आप बीमार हैं और आप कभी-कभी बहुत पार हो जाते हैं। लेकिन आप प्यार को नहीं खरीद सकते हैं! यहाँ दो बच्चे हैं जो आपको जीवन भर प्यार करते रहेंगे- उनका सारा जीवन लंबा। फिर कंजूस रिसीवर कौन है? ”

"क्या न?" हकलाया हुआ मर्स। ठुमके लगाना। "क्या न?" उसके पिछलग्गू, क्रोध से भरे चेहरे पर एक अविश्वसनीय आत्मज्ञान की एक मुस्कान अचानक झिलमिलाने लगी। "क्या न?" उसने आत्मसमर्पण कर दिया। "तुम - तुम बदमाशों!" और उसकी बाहों को पकड़कर उन्हें पकड़ लिया।

www.ingramcontent.com/pod-product-compliance
Lightning Source LLC
Chambersburg PA
CBHW071454030726
47593CB00003B/990